世界の日本人ジョーク集 令和編

早坂 隆

ノンフィクション作家

JN032085

720

中公新書ラクレ

はじめに――「辛」という字に横棒を足すと？

「世界のジョーク集」シリーズは、これまでに累計百万部以上の部数を記録していると編集部より聞き及んでおります。周囲の友人からは、

「それが最大のジョークだな」

などと遠慮会釈なく苛《いじ》められておりますが、著者としては特段の異論もございません。どういう按配《あんばい》になっているのだろうと私も不思議に訝《いぶか》っているところです。きっと読者が良かったということでしょう。

「流行り廃《すた》り」という言葉があります。『世界の日本人ジョーク集』の第一作が刊行されたのが二〇〇六年。小泉純一郎政権から第一次安倍晋三政権に移行し、「イナバウアー」や「ハンカチ王子」といった言葉が流行した年でした。今となっては、すでに隔世の感があります。

それから十五年、日本社会は様々な経験を重ねました。読者の皆様におかれましても、激動の日々だったと感じる方々が多いのではないでしょうか。人生は喜びと哀しみの数珠《じゅず》つなぎ。「有為転変《ういてんぺん》は世の習い」です。

そもそも本シリーズは「海外の人々が持つ日本人像を、ジョークを通じて楽しく学ぶ」ということをコンセプトとして始まっているわけですが、考えてみると国際社会が日本を見る目もこの十五年で大きく変わりました。そのような「日本の変化」は、非常に興味深い現象だと言えるでしょう。

近年、ネット社会は驚異的な進歩を遂げました。今ではツイッターやフェイスブック、インスタグラムなどを通じて、多くの人々が気軽に情報発信できる時代。そんな中で「日本人ジョーク」も新作が続々と登場しています。

二〇二〇年、国際社会は新型コロナウイルス感染症（COVID-19）の拡大という事態に苛《さいな》まれました。このような局面において「日本人論」はさらに活性化。日本人独特の行動様式が、国際社会を大いに不思議がらせる事例が相次いでいます。日本人は「奇人」「変人」「不思議な人々」と見られることが増えているのです。当の日本人にそういった自覚は薄いかもしれませんが、真の変人というのは得てしてそういうものです。

そこでシリーズ最新作の本書では、これまで通り日本人が登場する様々なジョークを気軽に楽しむことを土台としつつ、平成から令和への日本社会の移り変わりについて、わかりやすく学べるような構成を目指しました。日本の変化と不易。美醜と清濁。知識、教養として身につけておきたいこと。「日本人」というキャラクターがどのような「キャラ変」を遂げたのか。そんなことを笑いと共に知ろうというのが本書の筋書きです。

コロナ禍における「新しい生活様式」の時代、後ろ向きのジメジメとした日本人論にも別れを告げたいところです。実生活でもSNSでも、政治や経済を語る際には湿っぽくやるのではなく、ちょっとしたジョークやユーモアをスパイスとしてまぶしたほうが良いでしょう。案外、軽妙な話柄の中にこそ、真理の欠片《かけら》が転がっているものです。湿気が多いところにはカビが生じます。

ジョークというのは「発想転換の遊び」でもあります。「世界の見方」も根本的には表裏一体。「オイルショック」も中東から見れば「オイルブーム」です。多様な視点を意識することが、奥行きのある柔らかな思考レンジを生み出す訓練になります。かつての日本海軍では「アングル・バー（角鉄《かくてつ》）ではダメだ。フレキシブル・ワイヤーになれ」と教えられたと言いますが、強度と柔軟性を併せ持つことの肝要さを説いた金言と言えるでしょう。

笑うと体内の免疫力も高まるとか。最近では「コロナうつ」という新語も生まれていますが、「新しい生活様式」における戸惑いや葛藤、ストレスの中で、「笑い」は最高の良薬となり得ます。ちょっとしたユーモアが、人間関係や日々の生活に潤いや活力を与えてくれます。イタリアには「笑いは良い血をつくる」、フィンランドには「人生はしかめ面《つら》をしても良くならない」という箴言（アフォリズム）があります。

つまらぬことで腹を立てても、心身が疲弊するだけ。人間万事、重要なのは「面白がる心」ではないでしょうか。心の余裕は「人間の幅」にもつながります。自省も込めて言えば、小さな器ほどすぐに熱くなるもの。困難な時代こそ、「笑い」を大切にすべきです。「辛《つら》い」の「辛」という字に一本の横棒を足すと「幸せ」の「幸」の字に変わります。「笑い」とは、この一線のようなものなのかもしれません。

目次

◎印のついたものは解説です

第4章 信じがたき日本社会の奇態 117

第5章　愛すべき変わり者？　日本人の生態

165

第7章 世界に羽ばたく日本人アスリート

第8章　ニュー・ジャポニズムの時代　225

イラスト／つだゆみ
本文ＤＴＰ／市川真樹子

世界の日本人ジョーク集　令和編

第1章
コロナ禍における不思議な日本人

【パンデミック】

●外出

コロナ禍において、世界各国の政府が国民に外出を控えるよう求めることになった。

アメリカ政府はこう発表した。

「外出は正義に反する」

アメリカ国民は外出しなくなった。

イギリス政府はこう発表した。

「外出は紳士的ではない」

イギリス国民は外出しなくなった。

中国政府はこう発表した。

「外出したら拘束する」

中国国民は外出しなくなった。

フランス政府はこう発表した。

「外出しろ」

フランス国民は外出しなくなった。

日本政府はこう発表した。

「外出の自粛を要請します」

日本国民は外出しなくなった。

コロナによって浮き彫りになった国民性

二〇二〇年、新型コロナウイルス感染拡大という災厄は、世界各国それぞれの「お国柄」を見事に浮き彫りにしました。否、「本性を炙《あぶ》り出した」と言ったほうが良いでしょうか。

いわゆる「第一波」の際、アメリカでは銃弾の売れ行きが急増。これは日用品不足に端を発する略奪行為に市民が備えた結果でした。いかにも「銃社会」のアメリカらしい反応でしたが、ネット上には「ウイルスより銃のほうが怖い」「銃メーカーがウイルスをばらまいているのでは?」といった投稿が溢れました。

フランスでは人気サッカークラブ「パリ・サンジェルマン（PSG）」の試合が無観客試

合となりましたが、スタジアムの周囲には数千人ものサポーターが集結。大声でチャント（応援歌）を唄いながら、花火を上げたり発煙筒を焚いたりしました。フランスのネット上には「彼らが感染して亡くなれば、フランス国民の知能水準があがる」といったシニカルなコメントが相次ぎました。

アフリカのチュニジアでは「感染の予防にニンニクが効く」とのデマがSNSを通じて拡散。ニンニクの価格が急騰しました。

日本を含むいくつかの国々では、トイレットペーパーが品薄に。こちらもデマが原因でしたが、オーストラリアではトイレットペーパーを巡る乱闘騒ぎが勃発。香港ではついに「トイレットペーパー強盗」まで登場しました。

そんな一連の騒動を皮肉って、SNS上にはこんなツッコミも。「そんなにトイレットペーパーを買っても、お尻は一つしかないよ」。

結局、欧米などの多くの国々ではロックダウン（都市封鎖）を実施。罰則を伴う厳しい外出禁止令に踏み切りました。

しかし、日本はあくまでも「自粛要請」という「緩い」かたちでの対応を選択。当初、海外のメディアはこのような日本の姿勢に対して、かなり懐疑的でした。「罰則がなければ外出者数を抑え込めるわけがない」というのが世界の常識だったのです。国際社会は「日本人は甘すぎる」と冷笑しました。

しかし、日本人は外出を控えました。感染者数や死亡者数は、欧米諸国などよりも低い水準で推移し、今に至っています。

結果、世界のメディアは態度を一変。「ミラクル」「ジャパン・パラドックス」といった言葉を使って、日本のコロナ対応を評価するようになりました。もちろん、日本政府のコロナ対策が万全だとはとても思えませんが、例えばイギリス紙「ガーディアン」（電子版）はこう報じています。「日本は確固たる証拠を持って、新型コロナ対策に成功した国だと主張することができる」。

二〇二一年一月には再び緊急事態宣言が発令され、改めて外出の自粛が呼びかけられました。さすがの日本人も、一回目の時ほどの自粛には至りませんでしたが、それでも街の人出は総じて減少傾向に転じました。

●コロナ対策

ヨーロッパの感染症医が新聞記者に言った。

「日本のコロナ対策は断崖絶壁の一歩手前である」

新聞記者が尋ねた。

「それではヨーロッパのコロナ対策は？」

感染症医が答えた。

「日本より一歩進んでいる」

【マスク】

●AIの解答

日本人の研究者グループが最新式のAI（人工知能）を搭載したスーパーコンピューターを使って、新型コロナウイルス対策を立てることにした。ワクチンの開発方法や、新たな感染予防策の提示などを期待して、ウイルスに関するデータ

をすべて入力した。

数分後、スーパーコンピューターが話し始めた。

「最適な解決策がわかりました」

研究者たちは歓喜した。スーパーコンピューターが続けて言った。

「マスクをしてください」

●マスク政策

コロナ禍において、各国の政府が国民にマスクの使用を求めることになった。

アメリカ政府はこう発表した。

「マスクをすればあなたは英雄です」

ドイツ政府はこう発表した。

「マスクをするのがルールです」

イタリア政府はこう発表した。

「マスクをすると異性にモテます」

日本政府はこう発表した。

「みんなマスクしていますよ」

日本のマスク文化

このジョークには元ネタがあります。それは「沈没しそうな客船から乗客を海に逃がす際、船長は各国の人々に何と言えば良いか」というもの。アメリカ人には「飛び込めば英雄です」、日本人には「みんな飛び込んでいますよ」というわけ。このネタがコロナ禍によって「変異」しました。

余談ですが、かつてこの「沈没ジョーク」を紹介した拙著の広告コピーが「みんな読んでいますよ」。出版社側のアイデアでしたが、なかなかシャレが効いていました。

さて、そんな「集団主義」が特徴の一つとされる日本人。今回のコロナ禍では「同調圧力」という表現が話題になりました。「外出時にマスクをしていないと周囲の反応が怖い」と感じる人が少なくないという調査結果も報告されています。マスク未着用の人に対して過度に攻撃的な「マスク警察」なる人々の登場に至っては、もはや笑い事ではありません。

ただし本来、集団主義自体が悪いわけではないはずです。自分の身の回りに丁寧に気を配り、他者の迷惑にならないように留意し、自身の行動を律していくという行為であれば、それはむしろ「日本人の美徳」とも言えるでしょう。このような公共心こそが、ウイルスの感染拡大を抑制することにつながっているのではないでしょうか。

実際、マスク着用の動機について、「自分が感染したくない」という心理と同時に「他者を感染させたくない」という思いが日本人には強いと言われています。

個人主義の強いアメリカでは、マスクの使用を嫌がる傾向が根強く続いています。アメリカ国民によれば、「呼吸は神様から与えられた権利」とのこと。しかし、そのような理由で「マスクをしない」という選択をすることは、「公」よりも「個」の価値観を優先している証拠と言えるでしょう。無論、アメリカ人にとって「個の自由」は建国以来の重要な理念ですが、個人主義と利己主義の境界線というのは至って曖昧なものです。

米テレビ局FOXニュースの有名司会者が、新型コロナウイルスに対するアメリカ人と日本人の国民性を比較したツイートをしたところ、次のようなコメントが集まりました。

「我々アメリカ人は『俺たちはできる』という自信ゆえに、常識に従うことができない。日本人は風邪をひいた時、周囲を守るために何十年もマスクをしてきた」「日本は『我々』という部分を意識する。だが、ほとんどのアメリカ人は違う。アメリカ人が心配するのは『私』。アメリカの利己的な部分が破滅の原因」。

アメリカのマスク反対派の中には、「わざと穴を開けたマスクをして街を歩く」といった動画をSNSにアップする人まで登場。「風刺が効いている」「ユーモアがある」という意見があった反面、「くだらない」「レベルが低い」といった反応も多く寄せられました。

●感染拡大

東京で暮らすアメリカ人の子どもが、新型コロナウイルスに感染してしまった。母親はすぐに子どもを連れて病院を訪れた。

病院はすでに多くの感染者で溢れていたが、医者はすぐにその子を入院させ、薬の投与を開始した。その後、その子の体調は回復し、数週間で無事に退院することができた。

病院を出る際、母親が医者に言った。

「私は治療費を払いたくありませんわ。なぜって、私はこの病院をたっぷり儲けさせたのだから」

医者は怪訝な顔をして聞いた。

「どういう意味でしょうか？　医療費はどの患者さんも同じです。私はあなたから特別に儲けさせてもらったことなどありませんよ」

するとと母親が言った。

「冗談じゃありませんわ。この街でマスクもせずに遊びまわっていたのは、うちの子だけですのよ」

マスクは犯罪者の道具？

今回のコロナ禍以前から、日本人は風邪や花粉症の予防にマスクを使用してきましたが、そのような光景は欧米人などから「おかしい」「不可思議」などと笑いのネタにされてきました。欧米社会ではあくまでも「マスクは医療関係者や病人がするもの」であって、街で予防的に使うものではないという認識が広く共有されてきたのです。

世界的な感染症学者であるベルギー人のピーター・ピオット博士は初めて日本を訪れた際、マスクをしている日本人を見て、

「パラノイア（偏執病）だと思った」

と述べています。そんな博士も、今では日本のマスク文化を称賛しています。

そもそも欧米には「顔を隠すのは犯罪者」というイメージが強くあります。二〇一七年、オーストリアは公共の場で顔を覆うベールやマスクなどの使用を禁じる「覆面禁止法」を制

定。「マスクは犯罪者の道具」という理屈からでした。

さらに、欧米人がマスクに抵抗を示す背景の一つには、「相手の表情や感情がわかりにくくなるのが嫌だ」という理由もあるようです。日本人と欧米人では「顔のどこを見て相手の気持ちを読み取っているか」が異なると言われています。日本人は相手の目から感情を理解しますが、欧米人は口の動きを見るというのです。

例えば、日本で用いられる顔文字は、「(^_^)」「(*_*)」「(T_T)」のように、目の変化によってその感情を表します。しかし、欧米では「:-)」「:-D」「:-(」のように口元の違いで喜怒哀楽を伝えるのです。欧米で流行した「スマイルバッジ」を見ても、口元が強調されたデザインになっています。一方、日本には「目は口ほどにものを言う」という表現もあります。

つまり、欧米人にとって口元とは、他人とコミュニケーションを深める上でとりわけ大事なものなのです。日本人よりも欧米人のほうが歯並びを気にして矯正する人が多いというのも、このような背景が作用しているのかもしれません。そんな彼らにとって、口元を隠すマスクという道具は、日本人にはピンとこない抵抗感を生じさせるものなのでしょう。

しかし、新型コロナウイルスの感染拡大によって、マスクとの付き合い方も転換せざるを得ない状況に。日本のマスク文化を嘲笑していた国際社会は、ついにその態度を改めることとなりました。

さて、そんな「マスク大国」のはずの日本ですが、コロナウイルスの第一波が花粉症の時期と重なったこともあり、国内は深刻なマスク不足に。ドラッグストアの開店前にマスクを求める人々の行列ができるというような悲喜劇的な光景が出現しました。

そのような状況を解消するため、安倍政権（当時）が打ち出したのが「全世帯にガーゼ製のマスクを二枚ずつ配布する」という緊急対応策でした。

これには安倍政権の経済政策の通称である「アベノミクス」をもじって「アベノマスク」なる俗称がすぐに生まれました。その政策に対する意見は様々ですが、結局、「アベノマスク」という言葉は海外にも拡散。「日本人は不思議すぎる」「何かのジョークだろう」といった報道が相次ぎました。発表が四月一日だったことから「エイプリルフールのジョークに違いない」とも言われました。

しかし、「国民へのマスク支給」という政策は、その後、イタリアやフランスといった多くの国々が追随することになりました。

また、日本では「マスクが小さい」との声があがりましたが、ベルギーでは某自治体の配布したマスクが「大きすぎる」と問題に。顔全体を覆うほどの大きさのマスクに「パンツみたい」「パラシュート?」といった苦情が続出しました。これに対して自治体側は「熱いお湯でマスクが縮むまで洗うように」とコメント。さらなる炎上を招いたのは言うまでもありません。

●マスク不足

深刻なマスク不足に陥った東京。とある店でマスクが販売されると聞いた主婦が、バスに乗って買いに行くことにした。

やがて、店の近くの停留所に着いたので、主婦はバスから降りようとした。すると運転手がこう声をかけてきた。

「マスクを買いに行くつもりですか?」

「ええ。そうですが」

「それなら三つ先の停留所まで行ったほうがいいですよ」

主婦は怪訝な表情を浮かべて聞いた。

「どうしてですか？」

運転手が答えた。

「そこまで行列が延びていますから」

●スカウター

新型コロナウイルス感染拡大という危機に直面したアメリカ政府は、多額の国家予算を投入して、最新のAI技術を搭載したスカウターを開発した。

このスカウターを装着すると、視界に入る人々の体温や血圧などが瞬時にわかるのである。さらに、相手の位置情報の履歴が表示され、その人物がウイルスに感染している確率まで教えてくれるという優れモノであった。

アメリカ人はこのスカウターをこぞって購入しようとした。しかし、極めて高価だったため、貧困層は買うことができなかった。さらに、転売騒動や偽物の拡散といった問題も相次ぎ、ついには街のあちこちで強奪事件が発生。大規模な暴動にまで発展した。

一方、日本人はマスクを国民に配った。
感染者数は日本のほうが少なかった。

●レストランにて

一人のアジア系の女性が、マスクをしてニューヨークの街を歩いていた。彼女はとあるレストランに入り、食事をとることにした。

やがてテーブルに注文した料理が並べられたので、彼女はマスクを外した。するとウェイターが彼女に話しかけた。

「あなたは日本人ですね？」

彼女が答えた。

「いえ、違います。私は中国人です。なぜ私を日本人だと思ったのですか？」

ウェイターが言った。

「これは失礼しました。あなたのマスクに日本の国旗がデザインされていたものですから」

マスクの内側には、丸い口紅の跡が付いていたのである。

●不良品

ＷＨＯ（世界保健機関）がマスクの製造を中国企業と日本企業に依頼した。ＷＨＯは「不良品は一万枚につき一枚とすること」という条件で発注した。

一週間後、中国企業からこんなメールが届いた。

「不良品を一万枚につき一枚とするのは、さすがに厳しすぎる条件です。基準の見直しをお願いします」

日本企業からもメールが届いた。そこにはこう書かれていた。

「不良品用の設計図がまだ届いておりません。早急に送ってください」

中国製マスクの顚末

新型コロナウイルスの発生源となってしまった中国。世界中に拡散した悪いイメージを払拭しようと、大々的に展開したのが「マスク外交」でした。世界各国にマスクを提供するという一大政策は、中国としては「起死回生の一手」と言えました。

しかし、その結果は、それら「謹呈マスク」が不良品だらけというお粗末な顚末。「品質の基準を満たしていない」として、返品の山となりました。

オランダには約百三十万枚のマスクが届けられましたが、「フィルターに欠陥があり、顔にもフィットできない粗悪品」としてあえなく返品。フィンランドは送られた約二百万枚ものマスクを「すべて不良品」と断定しました。EUは「中国製マスクは濾過率が不足しており、感染リスクが高まる可能性があるので使用しないように」と警鐘を鳴らしました。

そんな中国製マスクの品質の悪さは、日本でも話題に。「紐がすぐに取れる」「石油臭い」といった批判がネット上に多く寄せられました。これはマスク需要の高まりを受け、製造にノウハウのない新手の中国企業が市場に参入した結果だったと言われています。中国製マスクを仕入れた日本企業が、「異物の混入といった不良品の発覚によって損害が生じた」として、輸入業者に賠償を求める裁判も行われています。

一方の日本製マスクは、「抗菌」「抗菌の上をいく制菌」「防臭」「耳が痛くならない」「吸水・速乾」「UVカット」「会食用」など、様々な機能を付加したものが矢継ぎ早に登場。夏には「ひんやりタイプ」、冬には「防寒タイプ」も発売され、海外のSNSでは「羨ましい」「日本人はすぐに変わったものを生み出す」「日本人のマスク愛がすごい」などと話題を呼んでいます。

【高度な医療体制】

●それぞれの主張

日本人の主張。

「日本はなぜ第二次世界大戦で負けたのか。それは今の政府のコロナ対応を見ていればよくわかる」

外国人の主張。

「ではその戦争に勝ったはずのアメリカやイギリスが、日本より桁違いの死者数を出しているのはなぜなのだろう？」

日本の医療体制

日本の新型コロナウイルス感染者数や死亡者数は、G7の国々の中で最も少ない数字で推移しています。その主な要因としては、日本人の免疫に対する遺伝的特性の他、食生活や入浴、手洗い、うがいといった日本独特の文化や習慣などの存在が考えられています。今回のコロナ禍では「時短営業」も実施されましたが、江戸時代の戯作者である滝沢馬琴が湯屋〈銭湯〉について書いた一節には以下のような一文が見られます。

〈風邪流行に付、夕七時《ななつどき》早《はや》仕舞《じまい》という札を出し置きたり〉

また、世界的に大きな注目を集めているのが、日本の高度な医療体制。日本には国民皆保険制度が整備されていますが、アメリカでは保険未加入者が高額の医療費を恐れて病院に行けなかったり、保険加入者であっても多額の自己負担を求められるといった事態が発生しています。また、多くの国々では、感染者の殺到により一部の病院が閉鎖。結果、「日本の医療制度を見習うべきだ」との声が国際的に高まりました。

コロナ以外の部分も比較してみましょう。人口千人あたりの急性期病床数も、日本は「七・八」で世界トップ（二〇一九年、ＯＥＣＤ〈経済協力開発機構〉調べ）。アメリカはたったの「二・五」に過ぎません。

その他、「ガンの五年生存率」を比べても、日本は世界トップクラス。「大腸ガン」や「肺ガン」では、世界第一位となっています。

にもかかわらず、二〇一〇年にロイター通信が報じた「（自国の）医療制度に関する満足度調査」で、日本は先進・新興二十二カ国中、なんと最下位。このような数字を知った外国人は「どうして?」と一様に首をひねります。

新型コロナウイルスとの戦いはなおも続いていますが、日本はこのコロナ禍において九十カ国以上もの途上国に医療支援を実施しています。日本の高度な医療は、世界的な感染の封じ込めにも大きく貢献しています。

●驚くべきレポート

アメリカのとある研究所が、新型コロナウイルスに関する驚くべきレポートを発表した。それは「パンを食べると新型コロナウイルスに感染しやすくなる」という内容であった。その概要は以下の通りである。

1　アメリカの新型コロナウイルス感染者のうち九割以上の人が、「パンを日常的に食べている」と答えた。
2　感染者に「パンと米、どちらが好きですか?」とアンケートを取ったところ、八割以上の人が「パン」と回答した。
3　米を主食とする日本では、感染者数が非常に少なかった。

●病室

とあるアメリカ人の男性が目を覚ますと、自分が病院のベッドの上にいることに気がついた。そう言えば昨夜、街を歩いている際に急に息苦しくなって意識を失ってしまったのだった。

ベッドから起きたアメリカ人男性は、フラフラしながら病室を出ようとしたが、ドアの外側から鍵がかけられていて出られない。ベッドに戻って考え込んでいると、枕元にあった電話が鳴った。それは医者からの電話だった。

「目が覚めましたか？」

「私はいったい？」

「あなたは昨夜、救急車でこの病院に担ぎ込まれてきたのですよ」

「そうだったのですか」

「そして、あなたには悪いお知らせがあります。あなたが寝ている間に検査をしたのですが、残念ながらあなたは新型コロナウイルスに感染しているということがわかりました」

「そ、そうでしたか。それで私はどうすれば？」

「あなたは今日からしばらく、日本食の『ノリ』しか食べることができません」

「あの『スシ』に使われている黒い紙のような食べ物ですか？　あのノリがウイルスに効くというわけですね」

「いえ、そうではありません」

「ではなぜ？」

医者が答えた。

「ドアの下から差し入れられる食べ物はノリだけですから」

世界に広がった「三密」

まずは余談として、ジョークに登場した「ノリ（海苔）」について少し。

海苔は日本食に欠かせない食材ですが、「海苔を体内で消化できるのは、世界で日本人だけ」という論文がフランスの研究チームによって発表されています。それによると「生の海苔を分解できる酵素を持ったバクテリアを腸内に持っているのは日本人だけ」とのこと。食文化と人体の構造とは、密接な関係を有しているもののようです。

さて、先のジョークの主人公は病室に隔離されてしまいましたが、日本では「ソーシャルディスタンス」を呼びかけるための言葉として「三密」という表現が使われています。これは「密閉、密集、密接」という三つの要素を回避しようというスローガンですが、当初、この言葉は国内外において冷笑的に扱われることが少なくありませんでした。

しかし、今では海外の多くの国々が、同様の概念を打ち出しています。英語では「3C(closed spaces, crowded places and close-contact settings)」と表されています。

二〇二〇年五月二十一日には、ニューヨーク市議会衛生委員長のマーク・レバイン氏が、ツイッター上でこの「3C」を紹介。「これが日本が取り組んでいること。何が最もリスクが高いかを強調する上で良い方法だ」とツイートしたところ、瞬く間に世界中に拡散されました。

同年七月十八日には、WHOがフェイスブックで「三密の回避」の重要性を強調。日本発の標語が、世界各地で共有されるようになっています。

そんなコロナ禍において、日本では次のような短歌が生まれました。

〈しばらくは離れて暮らす『コ』と『ロ』と『ナ』つぎ逢ふ時は『君』といふ字に〉

これはタナカサダユキさんという方がフェイスブックに投稿した一首。「コ」と「ロ」と「ナ」の字を重ね合わせると「君」という漢字になるという字遊びによって、時代性を鮮やかに切り取りました。

●今、何が必要か

国際会議で「コロナ禍の今、何が必要か」について話し合われた。

アメリカ人が言った。

「勇気だ」

ドイツ人が言った。

「規律だ」

フランス人が言った。

「愛だ」

日本人が言った。

「医療技術だ」

最後にロシア人が言った。

「ウォッカだ」

みんなが不思議そうに聞いた。

「ウォッカにはウイルスを抑える効果があるのですか?」

ロシア人が答えた。

「いえ、ウイルスを抑えることはできません。しかし、ストレスを抑えることはできます」

コロナは心の病?

国民性の違いを笑いのネタにしたジョークのことを「エスニック・ジョーク」と呼びます。世界中で人気のあるジョークカテゴリーの一つです。

エスニック・ジョークは、民族の個性を「差別」するのではなく、「ユーモア」に仕立てて小気味よく遊ぶもの。線引きを間違えてはいけませんが、このようなジョークを楽しむくらいの心の余裕は大事でしょう。

エスニック・ジョークは各民族の「ステレオタイプ」を風刺したものですが、いずれも「わかる、わかる」と思い当たるところのある配役となっています。

ロシア人は永遠の「酔っ払いキャラ」。世界中でイジられています。

そんな中、旧ソ連のベラルーシには、ついに先のジョークを実写化したような人物が登場。「ヨーロッパ最後の独裁者」とも呼ばれるルカシェンコ大統領は、

「コロナは心の病。ウォッカやサウナが効く」

と発言し、国際社会から批判を浴びました。その後、ルカシェンコ大統領自らが新型コロナウイルスに感染。結局、無症状で回復しましたが、世の中には様々な指導者がいるものです。事実はジョークより奇なり。

近年のエスニック・ジョーク界で登場シーンを増やしているのは中国人。以前は「何でも食べる」「自転車に乗っている」くらいの端役《はやく》でしたが、最近では「成金」「強欲」「マナーが悪い」といったオチで描かれる「人気キャラ」にまで成長しました。また、冷戦下ではソ

連が「自由がない共産主義国家」「独裁国家」として辛辣な風刺の対象となっていましたが、その役柄も今では中国がしっかりと衣鉢《いはつ》を継いでいます。ジョークは時代の鏡です。

日本人の配役の定番は「ビジネスマン」「お金持ち」、そして先のジョークのように「技術大国」としての登場の仕方。実際、今回のコロナ禍においても、日本の高度な医療技術には改めて注目が集まっています。日本の富士フイルム富山化学が開発した「アビガン」や、ノーベル生理学・医学賞受賞者の大村智氏が開発した駆虫薬「イベルメクチン」、さらにはウイルス検査に要する時間を飛躍的に短縮できる新型キットの開発にも島津製作所や東洋紡が成功しています。日亜化学工業は、新型コロナウイルスを死滅させる高出力のLED（発光ダイオード）を開発しました。

そんな中、ロシアでは日本に先駆けて、「アビガン」をもとにした治療薬「コロナビル」の薬局での販売がすでに始まっています。

一方、ワクチン開発ではアメリカの製薬会社がリード。日本勢の出遅れは否めません。コロナ禍において、本当に必要なものとは何でしょうか。勇気を持って、規律を守り、愛を忘れず、医療技術を進化させていくことが本当に必要なのかもしれません。

ウォッカは終息を祝う宴席の場にこそふさわしいでしょう。

第2章

国際社会における ニッポン

【中国との関係】

●ドローン

世界各国が自国製のドローンを披露して、その優劣を競うことになった。

アメリカ製のドローンは、操作性も耐久性も申し分なかった。見た目もカッコよく、大空を自由自在に飛び回ることができた。

日本製のドローンは、小さくて小回りが利き、バッテリーも優秀で長く飛ぶことができた。

フランス製のドローンとドイツ製のドローンは、お互いに近くを飛びながら牽制し合っていた。

ロシア製のドローンは、いまだ飛び立つことができない。

やがて、一機の謎の機体が山の向こうから近づいてきた。すべてのドローンを吹き飛ばしてゆっくりと着陸したその機体は、中国の国旗の描かれた真っ赤なヘリコプターだった。

コロナを拡大させた失態

今回のコロナ禍を経て、国際社会の中国に対する態度は劇的に変化しました。ウイルスの発生源となってしまった中国ですが、感染拡大の背景にあったのが中国共産党による情報の隠蔽。中国当局は当初、

「武漢で新たな感染症が広まっている」

と警鐘を鳴らした人々を「流言飛語を流布する者」として逮捕、拘束しました。アメリカのオブライエン大統領補佐官（当時）は、中国の初動対応について、

「隠蔽工作」

と強く批判。すると中国外務省は、

「アメリカの高官に望むことは、ウイルス対策に集中して協力を推進することであり、中国に責任をなすりつけ、中国政府や国民の努力をけなすことではない」

と反論しました。しかし、

（責任をなすりつけるなと言われても……）

と感じたのは、アメリカ国民だけではないでしょう。

二〇二〇年七月にアメリカで行われた世論調査（ラスムセン社調べ）では、実に五十三パーセントもの人々が「新型コロナウイルス拡大に関して、中国は何らかの経済的補償を行うべきだ」と回答しています。

また、オーストラリアも中国のコロナ対応を公然と批判しましたが、これに対して習近平政権は、農産物の輸入や旅行を制限する対抗措置を断行。「環球時報」の胡錫進《こしゃくしん》編集長は中国版ツイッター「微博《ウェイボー》」に、次のように投稿しました。「オーストラリアはいつも面倒を引き起こす。靴底にこびりついたチューインガムのようなもので、時には石を探してこすり取らざるを得ない」。コロナ前には積極的な貿易を通じて蜜月関係にあった両国ですが、今では深い亀裂が入っています。

その他、ヨーロッパ諸国もこれまでの対中政策を抜本的に見直し。中国と一定の距離を置く姿勢に転じています。

そんな中で中国の隣国である日本は、どう立ち回るべきなのでしょうか。米ソ冷戦時代の主な舞台はヨーロッパでしたが、「米中冷戦」の最前線は両国の間に位置する日本になるかもしれません。

日本では「隣人とはなるべく穏やかに仲良くしよう」と考える人が多いようですが、国際社会では「隣人だからこそ言いたいことは言い、毅然としなければならない」と考える人のほうが多いように思います。英語には「Love your neighbor, yet pull not down your fence.（隣人を愛せ。しかし、垣根を取り壊すな）」という諺があります。「融和主義」と聞けば耳あたりは良いですが、実際には「ことなかれ主義」の隠れ蓑になっている場合も少なくないのではないでしょうか。

日本の政治家が頻繁に使用する「遺憾」という言葉。これは「残念」「心残り」といった意味ですが、この表現が政治の場面で多用されるようになったのは昭和四十年代から。英語では「regret」「express regret」などと訳されますが、「ニュアンスが微妙すぎて、意味がよくわからない」と不評を買っています。

日本のネット上でも「日本外交唯一の武器・遺憾砲」などと弱腰外交を揶揄する造語が浸透。「遺憾」には「甚だ遺憾」「極めて遺憾」「誠に遺憾」といった上位スペックもありますが、どの表現が最も強力なのかは日本人でも判断がつきません。

弾切れ知らずの日本の「遺憾砲」です。

●地名

二〇XX年、東京の地名はすっかり変わってしまっていた。地下鉄のアナウンスが流れた。

「次は習近平広場」

乗客の老人が叫んだ。

「元明治神宮！」

数分後、アナウンスがまた流れた。

「次は人民大会堂」

老人がまた叫んだ。

「元国会議事堂！」

それを聞いた車掌が、老人に向かって怒鳴った。

「うるさい！　元日本人！」

習近平という人物

中国の国家主席で、中国共産党の「序列第一位」である習近平は、一九五三年六月十五日、陝西省《せんせいしょう》の生まれ。父親の習仲勲《しゅうちゅうくん》は国務院副総理などの要職を歴任した中国共産党の大物でしたが、文化大革命の際、「反党集団の一人」と見なされて失脚。そこから習近平の人生も大きく転じました。「反動学生」と断じられた習近平は、計四度も入獄。その後、農村に下放《かほう》され、貧しい生活を送ることを余儀なくされました。洞窟式の住居で暮らしながら、人民公社の生産隊で農作業に従事したと言います。

中国共産党に入党したのは一九七四年。その後は党内において、どのような手腕や才覚を発揮したのか不明ですが、着実に頭角を現していきました。

二〇一三年、習近平はついに国家主席に就任。就任演説の場で、彼はこう宣言しました。

「中華民族の偉大なる復興という中国の夢を実現するため引き続き奮闘、努力しなければならない」

以降、「中国の夢」という言葉は、習近平政権の「売り文句」として使用され続けています。

ちなみに、その外見から「くまのプーさん」「ジャイアン」などと呼ばれることもある習近平ですが、中国国内のネット上ではそのようなネタ画像が一斉に削除されたり、単語検索ができなくなったりする事態がしばしば起こります。

かつては「世界のジャイアン」と言えばアメリカでした。日本を「スネ夫」と揶揄する表現もありましたが、今では配役がだいぶ変わってきているようです。中国がジャイアンなら、スネ夫はどの国でしょうか。

本当のジャイアンは友人思いの優しい面もあるわけですが、習近平ははたして……。

●否定

日本人が言った。

「なんでもかんでも否定から入るのは良くないよ」

中国人が答えた。

「いや、そんなことはない」

香港への強権支配

習近平政権の香港への強権的な姿勢は「中国共産党の本性」を世界に知らしめる結果となりました。

二〇二〇年六月三十日、習近平は香港国家安全維持法（国安法）に署名。これにより、香港における中国の統制力は強化され、それまでにあった高度な自治と法の支配は根本から揺らぐことになりました。

国安法を使っての香港への直接介入には、世界中から批判が集まっています。言わば香港は、中国と世界を結ぶ「金融・ビジネスセンター」。中国への直接投資の約七割は、香港を経由して行われてきました。当然、世界は香港を無視するわけにはいきません。

とりわけ日本は、香港と深い結びつきを有しています。在香港の日本企業の数は約千四百社にも及び、これは外国企業の中ではトップの数字です（二〇一九年六月時点）。G７は外相声明として、国安法の導入に関する懸念を表明しましたが、これを主導したのは日本でした。

民主派活動家のリーダーの一人、周庭（アグネス・チョウ）さんは、二〇二〇年八月、国安法違反容疑で逮捕されましたが、その勾留中には日本のアイドルグループである欅坂46のヒットソング「不協和音」を口ずさんでいたと言います。

〈絶対　沈黙しない　最後の最後まで抵抗し続ける〉

しかし十二月、香港の裁判所は周さんに禁錮十カ月の実刑判決。判決を聞いた周さんは泣き崩れたと言います。

●帰属の証明

尖閣諸島の帰属を明確にする方法が一つある。
島で香港に関するデモをしてみれば良い。
認可されれば日本。
弾圧されれば中国である。

戦争準備への強化

中国は鄧小平の時代に「韜光養晦《とうこうようかい》」という外交路線を提唱。「爪を隠し、低姿勢に徹して時期を待つ」という方針を掲げました。

中国がGDP規模で日本を抜き、アメリカに次ぐ世界第二位の経済大国となったのは二〇一〇年。それから十年後、中国発のコロナショックに国際社会が喘ぐ中で、共産党政権はその覇権主義を隠そうとしなくなりました。

チベットや内モンゴル自治区、新疆ウイグル自治区では厳しい弾圧が続いています。二〇二〇年七月十九日には、イギリスの公共放送局BBCの番組で「新疆ウイグル自治区で多くのウイグル人が目隠しをされて列車に乗せられている映像」が放送されました。ドローンを

使って撮られたというこのショッキングな映像をスタジオで見せられた中国の劉　暁　明《りゅうぎょうめい》駐英大使は、

「何の映像かわからない」

と何食わぬ顔で、はぐらかしました。新疆ウイグル自治区では、百万人以上もの人々が強制収容所に送られていると推計されています。

また、中国はブータン東部の領有権も主張。インド北部ではインド軍との衝突が繰り返され、両軍に死傷者が出ています。台湾では独立派の動きに対し、軍事行動を示唆して威嚇を続けています。

中国の国防費はうなぎ上りの天井知らず。二〇二〇年は前年比六・六パーセント増の約十九兆一千億円で、アメリカに次ぐ世界第二位。同年九月に発表されたアメリカ国防総省の年次報告書によると、「グアム・キラー」と呼ばれる中距離弾道ミサイル「東風26」の発射機が前年の八十機から二百機に増加したと指摘されています。東風26には核弾頭も搭載可能です。

同年十月に開かれた中国共産党の第十九期中央委員会第五回全体会議では、「戦争に備えた訓練の全面的強化」を確認。これに関連し、軍の制服組トップである許其亮《きょきりょう》・中央軍事委員会副主席は「受動的な戦争適応から能動的な戦争立案への（態勢）転換を加速する」と言及しました。新華社通信は「戦争準備の動きを強化する」と報じています。

そんな軍事大国化する中国ですが、国内には今も貧困層が多く存在し、「月収千元（約一万六千円）で暮らす人が六億人いる」とも。「貧困層を置き去りにした軍事大国」というのが中国の実態です。

●切符

北京で仲良くなった三人の日本人と三人の中国人が、一緒に旅行することになった。日本人たちは駅で三人分の切符を買った。しかし、中国人たちは切符を一枚しか買わなかった。日本人が聞いた。

「どうして切符を一枚しか買わないのですか？」

中国人が答えた。

「まあ見てなよ」

彼らは共に同じ列車に乗り込んだ。日本人たちはそれぞれ席に座ったが、中国人たちはトイレの中にぎゅうぎゅう詰めで入り、扉に鍵をかけた。

しばらくすると車掌が切符の確認に訪れた。車掌はトイレに鍵がかかっていることに

気づき、扉をコンコンと叩いて、

「切符を確認します」

と声をかけた。すると扉が少しだけ開き、中から切符を持った手が差し出された。切符を手に取って確認した車掌は、

「よろしい」

と言って切符を返し、立ち去った。

その光景を見ていた日本人たちは感心した。

「なるほど。明日は自分たちもやってみよう」

翌日、日本人たちは駅で切符を一枚だけ買った。すると今度は中国人たちは一枚も切符を買わなかった。日本人が聞いた。

「どうして切符を買わないのですか？」

中国人が答えた。

「まあ見てなよ」

彼らは共に同じ列車に乗り込んだ。日本人たちはトイレの中にぎゅうぎゅう詰めで入り、扉に鍵をかけた。中国人たちも別のトイレの中にぎゅうぎゅう詰めで入り、扉に鍵

をかけた。

列車が出発してしばらく経つと、中国人の一人がトイレから出て、日本人が入っているトイレまで行った。彼は扉をコンコンと叩いて言った。

「切符を確認します」

中国共産党はナチスか？

「中国の夢」は「世界の悪夢」。中国の進出は陸だけにとどまらず、海にも及んでいます。二〇二〇年四月には、南シナ海で中国の公船がベトナムの漁船に体当たりして沈没させる事件が発生。中国はスプラトリー諸島などに行政区を設置するなど、強硬姿勢を強めています。

同年七月には、中国海軍が同じく南シナ海のパラセル諸島周辺で軍事演習を実施。これに対してアメリカは、二隻の空母を派遣して強く牽制しました。アメリカはその後、原子力空母の南シナ海への展開や、B1戦略爆撃機の同海上空への長距離飛行といった対抗措置を断行。アメリカは南シナ海における中国の海洋進出を認めていません。

中国の覇権主義は、日本にとっても他人事ではありません。中国海警局の公船による尖閣諸島（沖縄県石垣市）周辺の領海への侵入は、すでに常態化。中国は実効支配に向けた既成事実を積み上げようとしています。「日本漁船の尖閣周辺への出漁予定を中国側が把握している」という指摘もあり、「情報漏洩」の疑いもあります。

「香港の次は台湾、そして尖閣」という警鐘も鳴らされています。「問題は尖閣諸島が中国の手に落ちるかどうかではない。いつ落ちるかだ」とは、ロンドン大学キングスカレッジのアレッシオ・パタラーノ教授の言葉です。

中国は日本に対して、「サラミ戦術」を使っているとも言われています。サラミ戦術とは、元々はハンガリー共産党のラーコシ・マーチャーシュの言葉に由来するもので、「サラミを薄く切るように少しずつ状況を変えていけば、抵抗は少ない」という意味です。

二〇二〇年七月二十三日、アメリカのポンペオ国務長官（当時）は、対中政策について以下のように語りました。

「自由世界は新たな専制国家に打ち勝たなくてはならない」

欧米のネット上では、中国共産党をナチスに喩《たと》えるコメントが増えています。そんな意見に対しては、次のような書き込みも見られます。「中国共産党はナチスではない。世界経済の中核を掌握することに成功したナチスだ」「中国共産党はナチスではない。ナチスドイツの失敗から学んだナチスだ」。

習近平の英語表記は「Xi Jinping」ですが、「Xitler（シットラー）」という造語もすでに登場しています。

ちなみに、一九三六年にベルリン五輪を開催したナチスドイツは、九年後の一九四五年に崩壊。一九八〇年にモスクワ五輪を開催したソ連は、十一年後の一九九一年に消滅しました。中国が北京五輪を開催したのは二〇〇八年。それから十三年が経っていますが、中国共産党はこのまま「危険水域」を突破できるのでしょうか。

●日本占領計画

日本の巡視船が、四人の中国人が乗った不審な小型ボートを発見し、停船を命じた。

日本人船長が中国人に聞いた。

「このボートはどこへ向かっているんだ？」

中国人が答えた。

「東京だ」

「なぜだ？」

「中華人民共和国は日本を占領する。そのためだ」

それを聞いた日本人の船員たちは大声で笑った。船長が笑いを押し殺しながら聞いた。

「たった四人でか？」

すると中国人が答えた。

「他の同志たちは、すでに何年も前から日本で暮らしている。俺たちは作戦部隊の最後の四人だ」

●語学

問い1・楽観主義者とは？

答え1・英語を学ぶ日本人のこと。

問い2・悲観主義者とは？

答え2・中国語を学ぶ日本人のこと。

揺れる日中関係

日本にとって最大の貿易相手国でもある中国。コロナ以前は、人々の交流も盛んでした。

二〇二〇年には習近平の訪日も予定されていました。習近平を国賓として迎え、日中の「新時代」を宣言する構想でした。

しかし結局、新型コロナウイルスの感染拡大という事態によって延期になり、今後はどうなるか不透明な状況です。中国が国際社会で暴走を続ける中、「国賓などもってのほか」といった反対意見も噴出しています。国賓待遇となれば天皇陛下への謁見が許されることになりますが、習近平がそれにふさわしい人物かどうか考えなければいけません。

そんな中、日本は経済面での「脱中国」の道を模索し始めています。日本政府は「中国から日本国内や第三国に生産拠点を移した企業への補助」を開始する方針を決定。中国への依存度を下げ、サプライチェーン（調達・供給網）の多元化を進めています。

このような政策を受けて、すでにシャープや塩野義製薬、テルモといった大手企業が、生産拠点の移転計画に着手しています。

「脱中国」の動向は、日本だけではありません。アメリカやイギリス、オーストラリアといった国々でも、中国経済に依存してきたこれまでの枠組みを抜本的に見直しています。新型コロナウイルスは、世界の経済地図をも大きく塗り替えたのです。

アメリカなどでは「中国びいき」の人を「パンダ・ハガー（パンダに抱き付く人）」と言い

ます。逆に「中国を警戒する人」のことを「ドラゴン・スレイヤー（竜を退治する人）」と呼びます。日本でも両者の駆け引きが激化しています。

●鮭

日中間で、鮭を巡る漁業権の問題が起きた。中国の外交官が言った。

「鮭というのは中国の魚だ」

彼は鮭の身を切って、こう続けた。

「その証拠に見ろ。身が赤いではないか」

すると日本の外交官が言った。

「いや、鮭というのは日本の魚だ」

彼はイクラを取り出して、こう続けた。

「ほら、日本の国旗だ」

進むデジタル戦争

中国が目指しているのは、領土や経済市場の拡大だけではありません。中国が国家戦略として力を入れているのが「デジタル覇権の獲得」。中国の中央銀行は国境を越える「デジタル人民元」の実現を目指しています。

しかし、これについても「対中包囲網」が構築されつつあります。二〇二〇年七月、イギリスは次世代通信規格「5G」の整備に関して、中国通信機器大手「華為技術（ファーウェイ）」の製品を段階的に排除していく方針を決定。当初はファーウェイ製品の使用を限定的に認めていたイギリスでしたが、コロナ禍や香港問題を通じて、その姿勢を転換したことになります。イギリスのボリス・ジョンソン首相は、

「潜在的敵対国の企業に重要インフラを支配されたくない」

と発言。これに対し、中国の駐英大使は、

「我々を敵対国にするなら、報いを受けなければならない」

と強く反発しました。

ファーウェイ製品の排除は、イギリスだけでなくアメリカやオーストラリアといった国々でも進められています。無論、日本もそのような動きと連携しています。

「脱中国」に踏み切ったイギリスが、新たな協力先として期待しているのが日本。イギリスは日本のNECなどと連携するかたちで、中国のデジタル覇権に対抗する意向を示していま

す。ＮＥＣはＮＴＴと資本・業務提携をし、技術力の向上を目指しています。

また、南米とアジア・オセアニア地域を初めて結ぶ「光海底ケーブル」に関し、チリ政府は中国からの提案を退けて「日本案」を採択。様々な分野で「脱中国」の動きが加速しています。

【アメリカとの関係】

●二つの政党

日本人はすぐに、

「日本には二大政党制が根付いていない」

と言う。

しかし、それは間違っている。日本人の生命と財産を守っているのは、まさに二つの政党ではないか。

一つは自由民主党。

もう一つは共和党である。

トランプ劇場の始まり

アメリカにトランプ政権が誕生したのは二〇一七年。大統領選挙終了後、トランプ氏が最初に会った外国の要人が日本の安倍晋三首相（当時）でした。その際、安倍首相はトランプ氏に日本製のゴルフのドライバーをプレゼント。トランプ氏はそのお返しとして、ゴルフシャツを手渡しました。二人はその後、何度もラウンドを共にしましたが、どちらが上手かったのかは「国家機密」とのこと。

そんなトランプ大統領でしたが、メディアに対しては一貫して厳しい姿勢。中でもＣＮＮテレビには「ごみジャーナリズム」といった厳しい言葉を浴びせ続けました。さらに「ワシントンポスト」は「国民の敵」。いずれももし日本の首相が使ったら、あっという間に辞任に追い込まれそうな表現です。

また、側近の一人だったレックス・ティラーソン国務長官と衝突した際には、子どもの口げんかのような展開に。「ティラーソンがトランプを馬鹿呼ばわりしている」との報道がなされると、トランプ大統領は、

「事実なら知能指数（ＩＱ）で勝負し、頭がいいのはどちらか白黒をつけようか」

とコメントしました。ＳＮＳ上には「ホワイトハウスは小学校か」といったツッコミが集中。結局、ティラーソン氏は国務長官の職を解かれました。

そんなトランプ大統領ですが、二〇一九年五月に来日した際には安倍首相と共に両国国技館で大相撲を観戦。土俵にあがり、優勝した朝乃山にアメリカ政府特注の大統領杯を笑顔で手渡しました。現職のアメリカ大統領が大相撲を観戦したのは、これが初めてのことでした。ちなみにトランプ大統領の身長は約百九十センチ。朝乃山に劣らぬ立派な体格には「まわしが似合いそう」「そのまま勝負しろ」といったネット投稿が相次ぎました。

コロナ禍における「トランプ語録」は、

「（ウイルスは）奇跡のように消える」

「ある時点で消える。最後に正しいのは私だ」

などなど。しかし、そのような奇跡が起こることはなく、アメリカの感染者数は世界ワーストを記録しています。

結局その後、ご自身が感染してしまうという、どうにも締まらないオチとなってしまったのは周知の通りです。

●役割分担

日米の首脳が会談した。会談終了後、二人は記者からの取材に応じた。記者はこう質問した。

「第二次世界大戦では敵として戦い合った両国が、今では世界一の同盟関係を築いています。その成功の秘訣とは何でしょうか？」

日本の首相が答えた。

「それは役割分担をしっかりとすることです。そして、お互いに余計な口出しはしないということです」

アメリカの大統領が続けた。

「その通りです。アメリカと日本の場合、小さくて些細な問題はアメリカ、大きくて重要な問題は日本が担当することになっています。互いに干渉は一切しません」

意外に思った記者がさらに聞いた。

「具体的にお願いします」

アメリカの大統領が答えた。

「例えば、どの基地にどの程度の戦力を配置するかとか、どこに防衛ラインを引くかとか、関税をどれくらいに設定するかとか、そういった小さな問題はアメリカが考えていきます。日本は口出ししません」

大統領が続けた。

「そして、より大きな問題は日本が考えていきます。例えば、国家とは何かとか、民主主義とは何かとか、人はなぜ生きるのかといった難問です。これらの問題に対して、アメリカは口出ししません」

●トラ

深い森の中をアメリカ人と日本人が歩いていた。すると一頭の大きなトラが不意に姿を現して、うなりながら二人に近づいてきた。

二人は一斉に逃げ出した。やがて日本人

が言った。

「ダメだ。やっぱりトラより速く走ることなどできない」

するとアメリカ人が言った。

「俺はおまえより早く走れればいい！」

日米同盟の行方

二〇二〇年のアメリカ大統領選挙で、トランプ大統領は民主党のジョー・バイデン候補と熾烈な争いに。トランプ大統領はバイデン氏を「居眠りジョー」「認知症」「耄碌《もうろく》している」などと揶揄。これに対してバイデン氏は「国の恥」「嘘つき」といった言葉で切り返しました。

テレビ討論会の場でも、非難や罵倒の応酬に。お互いが相手の発言を遮っての中傷合戦となったことを受け、CNNは「史上最悪のディベートだった。そもそもディベートではなく恥をさらしただけ。今晩はアメリカ国民の敗北だ」と報じました。

また、バイデン氏の遊説にはバラク・オバマ前大統領も応援に駆けつけ、「彼（トランプ大統領）は聴衆の規模にこだわっている。子どもの頃、誕生日会に誰も来なかったのか」

と皮肉をぶつけました。

そんな演説の効果がどれほどあったのかはわかりませんが、結果はバイデン氏に軍配。土俵際の際どい勝負に、トランプ陣営は法廷闘争という「物言い」に持ち込みましたが、結果は覆らず。「八百長」の有無は今後、詳しく調査されていくでしょう。

トランプ時代はこうして幕を閉じることになりました。しかし、アメリカが深刻な「分断の時代」を迎えていることは、選挙戦を見ても明らかでした。

二〇二一年一月六日には、暴徒化した一部のデモ隊が連邦議会議事堂に乱入。上院本会議場を占拠するという前代未聞の事態となりました。中東では「アラブの春」ならぬ「アメリカの春」などと風刺されています。

ともあれ、日米関係は近年、「史上、最も強固」と称されています。しかし、日米地位協定や在日米軍の駐留経費の問題など、解決すべき課題も山積。現状、米軍機は東京の上空を自在に飛行できますが、自衛隊機や民間機の空域は制限されています。日本と同じ第二次世界大戦の敗戦国であるドイツやイタリアは、とっくに地位協定の改定を実現しています。

海外では「日本は金でアメリカを用心棒として雇っている」と言われることもしばしば。

日本の政治家は「対等な日米同盟」を口にしますが、その実態はどうでしょうか。

先のジョークは、「トラ」を中国のメタファー（暗喩）として読むこともできます。アメリカ人は上手に逃げ切ったかもしれませんが、日本人は？

●兵士と牧場主

沖縄の米軍基地に駐屯しているアメリカ人兵士が、日本人の経営する牧場を訪ねた。

兵士が牧場主に言った。

「私は退役したら故郷で牧場をやりたいんだ。参考にしたいから、おまえの牧場を見せてくれ」

牧場主は牧場の一角を指差しながら答えた。

「いいですよ。しかし、あの辺りには入らないでください」

すると兵士は、きらびやかないくつもの勲章を牧場主の目の前に突きつけながら、怒鳴るようにして言った。

「俺は栄光ある米軍兵士だ！　我々に行けない場所など世界中どこにもない。そして、俺は上官以外、誰の指図も受けない。この勲章を見てみろ。この勲章は俺が無敵である証拠だ！」

兵士はそう言って、さっさと歩いていった。

十分後、牧場の一角から兵士の悲鳴が聞こえてきた。それは先ほど牧場主が指差した一角からだった。

兵士は沖縄の毒蛇「ハブ」の大群に取り囲まれて震え上がっていた。

「助けてくれ！」

兵士の叫びを聞いた牧場主が言った。

「勲章ですよ！　ハブに勲章をお見せなさい！」

【北朝鮮との関係】

●北朝鮮旅行

日本人のスズキとヤマモトが北朝鮮を旅行した。帰国したスズキが言った。

「北朝鮮はすばらしい国だよ。日本の報道は間違っている。平壌は近代的な街だし、人々の暮らしも決して貧しくない。金正恩は立派な指導者だよ」

それを聞いた友人が驚いて尋ねた。

「にわかには信じられないな。で、ヤマモトは何と言っているんだい?」

スズキが答えた。

「彼は僕とは違う印象を持ったみたいだ。それで、もうしばらく北朝鮮にとどまることになったようだよ」

独裁者の青春時代

金正恩の母親である高英姫《コヨンヒ》は、大阪出身の在日朝鮮人二世。北朝鮮帰国事業によって日本を離れ、万寿台芸術団で舞踏家をしていた際に、金正日に見初められたと言われています。

そんな母親の影響もあって、金正恩は実は「日本文化ファン」との説も。寿司が大の好物で、「日本のアニメ好き」という話も伝えられています。少年時代には「スーパーマリオ」シリーズなどの日本のゲームに夢中になったという逸話もあります。

青春時代にはスイスに留学。留学中は「パク・ウン」という偽名を使い、「大使館職員の息子」と身分を偽って生活していたという話です。まるでスパイ映画のようなエピソードですが、ちなみに学校の成績はあまり良くなかったとか。

このスイス留学中に同級生だったマルコ・インホフ氏は、金正恩についてこう語っています。

「彼は面白かった。いつも人を笑わせていた」

後の独裁者はその青春時代、どのようなジョークを飛ばしていたのでしょうか。

●青年の願い

平壌の工場で働いていた青年が仕事で重大な失敗を犯してしまい、工場長から、

「おまえは農村送りだ！」

と告げられた。すると青年が言った。

「本当に申しわけありません。すべて私の責任です。ですから、私は『農民の楽園』と称される我が国の農村に行く資格などありません。ぜひ、私を『権力者の欲にまみれた腐敗の街』だという東京に送ってください」

トランプ政権との中傷合戦

金正恩が権力を掌握したのは二〇一一年。父親である金正日の死去により、その地位を正

式に継承しました。

以降、アメリカのトランプ政権とは「罵り合い」がヒートアップ。トランプ大統領が金正恩を、

「チビのロケットマン」

と揶揄すると、北朝鮮の報道機関はトランプ大統領を指して、

「負け犬の悲愴な精神状態を反映している」

「怒りに関する障害と統合失調症」

といった独特の毒舌で応酬。一時は「開戦間近」とまで囁かれました。

しかし、二〇一八年六月十二日、ついに史上初となる米朝首脳会談が実現。シンガポールを舞台に、初めて両者が顔を合わせました。その結果、「平和と繁栄を求める両国国民の希望に基づき、新たな米朝関係の構築に取り組む」といった内容の共同声明が発表されるに至りました。会談の舞台は当初、南北の軍事境界線がある板門店の予定でしたが、日本の安倍首相（当時）が「それでは北朝鮮のペースにはまる」と助言したことにより、第三国であるシンガポールでの開催となりました。

二〇一九年二月には、二度目の米朝首脳会談がベトナムで行われましたが、朝鮮半島の非

核化を巡る交渉は決裂。合意文書は調印されませんでした。北朝鮮への帰途、金正恩は、「いったい何のために、こんな汽車旅行をしなければならないのか」と愚痴をこぼしたと言われています。以来、米朝交渉は停滞し、今後の見通しも立っていません。

日朝間では、拉致問題が未解決のままとなっています。この問題の解決なくして、国交正常化などありえないでしょう。

また、新型コロナウイルスに関して、北朝鮮は国内の「感染者数ゼロ」を主張し続けています。

かつて私がサダム・フセイン時代のイラクに入国した際、国境で「エイズ検査」と称して血液を抜かれました。イラクの役人は、

「この検査のおかげで、我が国にはエイズ患者が一人もいない」

と胸を張っていましたが、独裁国家というのはそういったことを言いたがるものなのでしょうか。

●自由

日本の首相が言った。

「日本は自由な国だ。その証拠に、私を批判するのもしないのも国民の自由である」

それを聞いた金正恩が言った。

「北朝鮮にも自由はある。その証拠に私を批判した者は、銃殺されるのも毒殺されるのも自由である」

●輸血

日本の政治家が平壌を訪問した。しかし、乗っていたクルマが交通事故に遭い、意識不明の重体となってしまった。

病院に搬送されたその政治家には大量の輸血が施され、なんとか一命を取り留めることができた。担当医は思った。

（これだけ北朝鮮人民の血液が体内に入れば、彼も熱烈な親北に変わるに違いない）

数日後、彼は意識を回復した。

目覚めた彼の口からは、金正恩への悪口が止まらなかった。

【韓国との関係】

●毒

山の中をトレッキングしていた韓国人が、倒れている一人の男性を見つけた。韓国人は驚いて駆け寄った。

「どうしたんですか？」

「実は毒蛇に足首を嚙まれてしまったんです」

「それは大変だ。すぐに町まで下りて医者を呼んできます！」

町で病院を見つけた韓国人は、医者に事情を説明した。しかし、医者は困った顔をして言った。

「私もここを離れるわけにはいきません。ですから、蛇の毒によく効く薬を処方しましょう。これを飲ませれば大丈夫ですよ」

「良かった」

韓国人は薬をもらい、山の中へと戻って行った。男のもとに着いた韓国人は心配そうに聞いた。

「大丈夫ですか？」

「ご親切にありがとうございます」

その言葉を聞いた韓国人が尋ねた。

「今、『ありがとう』と言いましたが、あなたは日本人なのですか？」

「ええ、そうですが」

「そうでしたか」

日本人が聞いた。

「それで医者は？」

韓国人が答えた。

「はい、残念ですが、町に病院はありませんでした」

●盗み見

ソウルの公園でベンチに座っていた日本人が、スマホで友人とメッセージのやりとりをしていた。すると一人の韓国人が日本人の後ろに立って、それを盗み見していた。日本人は何も言わずにこうメッセージを打った。

〈もう少し書きたいけど、スマホを盗み見されているみたいだから、これでやめるよ〉

すると韓国人が叫んだ。

「おい日本人、嘘をつくな！　俺は盗み見なんてしていないぞ！」

反日と親日

有難いことに拙著『世界の日本人ジョーク集』は、韓国や台湾などでも翻訳版が刊行されています。しかし、韓国での出版時には思いもよらぬトラブルに巻き込まれました。なんと本の中に掲載されていたイラストの日本人の姿が、勝手に「チビ」「メガネ」「出っ歯」に書き換えられてしまっていたのです。

「日本のことになると目の色が変わる」と言われる韓国の人々。政治や歴史認識の分野では根強い「反日」が定着しています。日本の初代内閣総理大臣である伊藤博文をテロによって銃殺した安重根は、韓国において「義士」「英雄」と呼ばれ、ソウルには巨大な記念館まで設置されています。

その一方、日本の文化が韓国社会に広く受容されているのも事実。アニメやマンガといった日本のサブカルチャーはもちろん、文学や音楽などの分野でも日本のコンテンツが多くの人々に親しまれています。

二〇二〇年、世界的な大ヒットとなった任天堂のゲームソフト「あつまれ　どうぶつの森」は、韓国でも一世を風靡。コロナ禍の「巣ごもり生活」を支えました。

そんな韓国において、与党の旗振りによって展開されているのが「日本製品の不買運動」。二〇一九年八月には「ニュース番組の男性キャスターが手にしているボールペンが日本製ではないか」との抗議がテレビ局に殺到するという騒動が起きました。キャスターは番組終了直前に、

「私が使っているのは国産のボールペンです」

と釈明。ネット上には「どうせ番組の撮影機器はすべて日本製だろう?」といったシニカルなコメントが寄せられました。

ボールペンと言えば、文在寅大統領の側近で、「反日」「克日（日本に打ち勝つ）」を日頃か

ら強調していたチョ・グク氏が「国会の記者懇談会で日本製のボールペンを使っていた」と報じられ、こちらも袋叩きとなりました。

その他、複数の与党議員が日本製アニメの「科学忍者隊ガッチャマン」や「銀河鉄道999」のコスプレでかつて広報活動をしていたという過去が判明。こちらもあえなく「大炎上」となりました。

●許せない

とある韓国人が言った。

「私が絶対に許せないのは、人種差別と日本人です」

●信用

日本人が韓国人に言った。

「最近では、日本人の十人に六人が『韓国人は信用できない』と感じている」

韓国人が答えた。

「冗談じゃない。韓国では国民の十人に十二人が『日本人は信用できない』と感じている！」

それを聞いた日本人は思った。

（やっぱりな）

G7拡大構想

「誰かが自分の領土だと言い張ろうが、独島はわが領土」とは、韓国では知らない人がいないとも言われる「独島はわが領土」という歌の一節。「独島」とは韓国が不法占拠を続けている島根県の竹島のことで、この歌は二〇二〇年にアカデミー賞で作品賞などを受賞した韓国映画「パラサイト　半地下の家族」の劇中にも登場します。女優がこの歌の替え歌を口ずさむシーンがあるのですが、大半の日本人はその元歌を知らないので何も気づきません。アカデミー賞受賞後、文在寅大統領主催の昼食会の席において、監督のポン・ジュノ氏は、

「日本の観客もそれを歌うそうです」

と発言。会場は爆笑に包まれたと言います。

二〇二〇年には、アメリカのトランプ政権が「G7に韓国、オーストラリア、インド、ロシアを新たに加える」というプランを表明。これは「対中包囲網を強化したい」という意図

から生まれた構想でした。

しかし、日本やイギリスがこの案に反対。韓国が中国や北朝鮮との距離を縮めていることへの懸念が理由でした。

この件に関して、韓国側は一斉に日本を非難。青瓦台（韓国大統領官邸）の関係者は、

「日本は恥知らずの極みで本当に非常識だ」

と批判し、

「我が国の参加とG7体制の拡大については、今年の議長国であるアメリカとG7加盟国たちが合理的に判断するだろう」

と述べて、参加への自信を見せました。

しかしその後、ドイツも正式に反対の意を表明。G7拡大構想は頓挫の道を辿っています。

ちなみに、韓国はイギリスやドイツに対しては「恥知らず」「非常識」などとは言いません。

●友好月間

ソウルの街じゅうに、こんなポスターが貼り出された。

「今月は韓日友好月間！」

しかし、よく見ると、ポスターの一番下には小さくこう書かれていた。

「延長はなし」

●起源

日本人がアメリカ人の友人に言った。

「韓国人というのは、すぐに『自分たちが起源だ』と主張する傾向がある。アメリカ人も注意したほうがいいよ」

それを聞いたアメリカ人が答えた。

「ああ、よく知っているよ。私の知り合いの韓国人はついに『Kマートは韓国発祥』と言い始めたんだから」

第3章

存在感はあるのかないのか？

政治・経済

【政治】

●難問

米ロ首脳会談の際、話題が日本に及んだ。アメリカの大統領が言った。

「ところで今の日本の首相は、なんという名前だったかな?」

すると周囲の側近全員が首をひねり、黙り込んでしまった。ロシアの大統領が笑いながら言った。

「みんな、しっかりしてくれよ。そんなこともわからないのかね。それではあまりに日本に対して失礼ではないか」

アメリカの大統領が言った。

「これは申しわけない。本当に恥ずべきことです。反省しましょう。それで、答えは?」

ロシアの大統領は、自慢げな表情を浮かべながら答えた。

「アルベルト・フジモリだよ」

世界の「Abe」

かつて「国際政治ジョーク」の分野において、日本の首相のプレゼンス（存在感）はほとんどゼロ。先のジョークのように「日本の首相は誰？」といったネタが稀に出てくる程度の扱いでした。確かにほんの数年でコロコロと首相が代わるようでは、その名前も覚えられないのが当然の帰結。二〇二〇年十一月にアメリカで刊行されたオバマ元大統領の回顧録『約束の地（A Promised Land）』には、鳩山由紀夫政権など当時の日本の政権が次々と代わる状況を「a symptom of the sclerotic, aimless politics（硬直して目的を失った政争という病状）」と厳しく批判した箇所が見られます。

そんな状況を一変させたのが、安倍晋三首相でした。個々の政策の是非は多々あるとしても、第二次安倍政権は実に七年八カ月という長期に及び、「Abe」の名前は日本の政治家としては珍しく世界的に知られる存在となりました。

ただし、「七年八カ月の長期政権」と言っても、他の国々に目を転じてみれば、アメリカ大統領の任期は二期八年がごく普通。習近平やプーチンは事実上の「終身指導者」。日本の政権が代わりすぎるというのが実情です。

しかし、世界にはさらなる「超短期政権」も。二〇二〇年十一月、南米のペルーでは「一週間で大統領が三人」という異常事態が発生。マヌエル・メリノ大統領は就任からわずか五日後に辞任となりました。大規模な抗議デモと、それに対する治安部隊の鎮圧によって二名が死亡したことが辞任の原因でした。

日本としては珍しく長期政権となった安倍政権。その結果、「Ａｂｅ」は世界のジョークにもたびたび登場するようになりました。一つ紹介しましょう。

●ネズミ

ある時、東京にネズミの大群が発生した。対応に追われた安倍首相は、アメリカから専門家を招いた。

その専門家は、ネズミ型の精巧なロボットを取り出して街に放った。するとそのロボットはネズミの大群を巧みに誘導し、東京湾までおびき寄せて、すべて溺死させてしまったのである。

安倍首相はその専門家を首相官邸に招き、お礼の言葉と共に感謝状を手渡した。その際、安倍首相は小声で専門家に聞いた。
「中国人のロボットはお持ちではない？」

「菅ジョーク」は生まれるか？

これまで日本の首相がジョークに出てくることなどほとんどなかったわけですから、安倍首相の存在感は異例とも言えるものでした。トランプやプーチンといった千両役者には及びませんが、それまでの日本の歴代総理がエキストラにもならなかったことを考えれば、これは劇的な変化でした。

そんな世界のジョーク界をも賑わせた安倍首相でしたが、二〇二〇年九月十六日、持病である潰瘍性大腸炎の再発を理由に内閣は総辞職。代わって誕生したのが、菅義偉政権です。

海外メディアもこのニュースを一斉に報道。菅総理に関しては「安倍政権の後継者」といった紹介と共に、「イチゴ農家の息子」「空手の有段者」「好物はパンケーキ」などの情報も伝えられました。

アメリカの経済紙「ウォール・ストリート・ジャーナル」は、「外交経験のほとんどない新総理は、トランプ大統領との個人的な関係の構築に取り組むと述べた」と報じた上で「熱心なゴルファーだとは知られていない」とも。「ゴルフ外交」を展開した安倍前総理との違いをユーモラスに伝えました。また、フランスの経済紙「レゼコー」は、菅総理の人柄について「パンケーキが好きだからと言っても、決して『甘い人』というわけではない。強い性格を何度も見せてきた」と報じました。

こうして船出した菅政権が掲げたのが「国民のために働く内閣」というスローガン。携帯電話料金の値下げなどでは早々に一定の成果を上げていますが、観光支援事業「Ｇｏ Ｔｏトラベル」の扱いでは「後手に回った」との批判を受けました。インターネット番組に出演した際に飛ばした「ガースーです」の「つかみ」がスベったのは残念でした。

国際的には、「菅ジョーク」はまだほとんど生まれていません。ジョークは「キャラ」が立たないと成立しませんが、今後に期待といったところでしょうか。

再び「日本の首相は誰？」といったジョークが流行するような事態は避けたいものです。

●空手

菅義偉新総理が、自身の長所を広く知ってもらおうと思い、特技である空手の「型」を記者団に披露した。

翌日、新聞の一面にはこう書かれていた。

「新総理がメディアを暴力的に威嚇」

テレビのコメンテーターはこう言った。

「新総理が一人で空手。党内外で孤立の様子」

野党の党首はこう主張した。

「新総理が柔道を差別」

招かれざる客

菅政権が外交面で推進しているのが、「日米豪印」の四カ国による「自由で開かれたインド太平洋構想」。これは安倍政権が提唱し、アメリカが支持を表明したものですが、「対中包囲網」の意味を持つこの構想にはイギリスやフランス、ドイツなどでも評価が高まっています。

隣国との関係性に苦労する日本。隣人との付き合い方と言えば、次のような逸話があります。

明治生まれの随筆家である内田百閒《ひゃっけん》は、自宅の玄関脇の柱に次のように書き出しておいたそうです。

「世の中に人の来るこそうれしけれ
とは云ふもののお前ではなし」

実はこれには元歌があります。江戸後期の文人である蜀山人（大田南畝《なんぽ》）の元歌は、

「世の中に人の来るこそうるさけれ
とは云ふもののお前ではなし」

百閒は二文字を変えただけで、真逆の文意を仕立て上げたのです。

最近の日本にも「招かれざる客」が多いように感じます。お人好しの日本人も、相手から見て「御《ぎょ》し易く、与《くみ》し易い」では、いいようにやられてしまうでしょう。

権謀術数渦巻く百鬼夜行の国際社会。日本も百閒作の一首を掲げておくのが良いかもしれません。

●牛歩

日本の国会で「牛歩戦術」が行われた。その様子をテレビ中継で観たイギリス人が驚

いて言った。
「あの議員たちは、知能も牛並みなんだね」

国会は学級崩壊？

いわゆる「牛歩戦術」とは、議会などで審議を引き延ばすため、投票の際にノロノロとゆっくり歩いたりすること。議会日程を遅らせ、時間切れで廃案に追い込むために行われます。このような議会戦術は、実は日本独特のもの。海外のニュースやSNSなどで報じられると、驚かれたり笑われたり馬鹿にされたりする対象となっています。

二〇一七年六月、参議院で牛歩戦術が繰り広げられた際には、世界各地のネット上で「ジャパニーズ・コント」「日本の国会には牛がいるのか」「フェイク映像じゃないの？」などと大きな話題になりました。

日本の国会は子どもじみた野次や居眠り、私語、読書、スマホやタブレットの使用など、まるで「学級崩壊」の様相。遅刻や途中退席も常態化しています。

ただし、牛歩戦術はともかく、議会中の議員の行動が問題になっているのは、海外の多くの国々でも同様。二〇二〇年一月にＢＢＣが報じたところによると、アメリカ議会上院で開かれていたトランプ大統領に対する弾劾裁判の際、複数の議員が居眠りやゲームをしていたとか。議場内ではクロスワードパズルやハンドスピナーで遊ぶ議員の姿も確認されたということです。

また、同年十二月、台湾の立法院（国会に相当）では、蔡英文政権によるアメリカ産豚肉の輸入規制緩和に反発する野党議員が、豚の内臓を与党議員に投げ付けるという事件が発生。与党議員もこれに反撃し、議会内は「豚の内臓の投げつけ合い」となりました。

さて、ここで哀しいお知らせを一つ。

同年九月、日本では「神奈川県議会での議会中に、議員が読書をしていた」との報道がありましたが、この読んでいた本というのがどうやら私の著作であったとのこと。拙著を手にとっていただけるのは大変ありがたいことですが、できれば議会中はご遠慮願えればと存じます。

【経済】

金持ちキャラ

「ジョークに登場する日本人」と言えば、以前はその大半が「お金持ち」「ビジネスマン」「拝金主義者」といった役回り。高度成長期からバブル期にかけて、日本人は「エコノミック・アニマル」と冷笑されました。一九八九年には「アメリカの魂」と呼ばれるニューヨークのロックフェラーセンターを三菱地所が買収。こうした日本の態度は「強欲」「傲慢」といった日本人評につながっていきました。

そんな「金持ちキャラ」は、近年ではアラブ人や中国人に取って代わられることが多くなりましたが、それでも「日本人＝お金持ち」という構図のジョークは根強く存在します。確かに今でもGDP規模で世界第三位の経済大国であることは事実です。

まずは日本人が「金持ちキャラ」として登場するジョークをいくつか見ていきましょう。

●お金より大事なもの

日本人の社長が、新聞社の取材を受けていた。社長が言った。

「世の中には、お金よりも大事なものがある」

記者が驚いて聞いた。

「あなたがそんなことをおっしゃるとは！　私はあなたをただの拝金主義者だと思って

いましたが、これは考えを改めなければなりません。私は今、感動すら覚えています。それで、そのお金よりも大事なものとは何ですか？」

社長が答えた。

「クレジットカードだ」

●出社

アメリカ人のCEOが、日本人の社長に聞いた。

「どうして君の会社の従業員は、みんな時間通りに出社するんだい？　うちの会社なんて遅刻してくる社員ばかりだよ」

日本人社長が答えた。

「簡単ですよ。うちには百人の従業員がいますが、無料の駐車場は九十九台分。一台分だけ有料なんです」

不況の時代へ

日本の景気は一九九一年以降、急激な後退局面に突入しました。いわゆる「バブル崩壊」

です。それまで高騰していた株価や地価は一挙に下落。給与や雇用にも大きな影響を及ぼし、消費は急激に冷えていきました。それまで当然だった終身雇用制度は崩壊し、「リストラ」という言葉が流行語になりました。

以降、日本は「失われた十年」と言われる不況の時代を迎えましたが、これもいつの間にか延長したようで、気がついたら「失われた二十年」となってしまいました。

企業の市場価値を示す「時価総額」（株価と発行済み株式数を掛け合わせて算出する指標）の国際的なランキングを見ると、一九九五年にはトップ20の中に日本企業が八社も入っていました。二位にＮＴＴ、八位にトヨタ自動車といった具合です。

しかし、二〇一九年のランキングでは、トップ20入りした日本企業の数はゼロ。トヨタ自動車の三十三位が最高という結果でした。

経済の不振が長期化したことにより、ジョーク界の金持ちキャラの配役も変遷。「エコノミック・アニマル」という言葉も死語となり、日本人は次のようなジョークの配役になっていったのです。

●銀行

上海の銀行に一人の日本人がやってきた。その日本人は周囲の様子をものすごく気にしながら、慎重な足取りで窓口に近づいてきた。

手には大きなバッグを持っていた。彼はそのバッグを大事そうに窓口の女性に差し出しながら言った。

「おい、周りに勘付かれるな。静かにしろよ」

「はい、なんでしょうか?」

「このバッグの中に五千万円入っている。これで口座をつくってくれ」

窓口の女性は微笑みながら言った。

「わかりました。もちろん、すぐにご用意いたします。それから……」

女性が続けた。

「当行では、どんなお客様でもしっかりとご対応いたします。少額だからと言って、そんなに恥ずかしがる必要はありませんよ」

アベノミクスからスガノミクスへ

長期に及ぶ不況から経済を立て直すため、安倍政権が掲げたのが「アベノミクス」。その骨格は「大胆な金融政策」「機動的な財政政策」「民間投資を喚起する成長戦略」という「三本の矢」から成り立っていました。「アベノミクス」という表現は、アメリカのレーガン政権の経済政策「レーガノミクス」にちなんだ命名です。デフレからの脱却と持続的な経済成長を目指したアベノミクスは、語呂の良さもあって国際的にも広く知られる言葉となりました。

アベノミクスの是非については、様々な意見があります。日経平均株価が上昇し、失業率も低下するなど、成果の出た部分は少なくありません。しかし、物価上昇率が目標の二パーセントに届かないなど、思い通りにいかなかった面があったのも事実でしょう。

そんな状況の中で、日本はコロナ禍と政権移行という転機を迎えました。感染拡大を防止しながら経済をいかに拡大させていくべきか。日本は困難な岐路に立たされています。「スガノミクス」は国内外に定着する言葉となるでしょうか。

【働き方】

●幸福感

ぐうたらなアメリカ人の青年が、父親のコネで日本企業に就職することになった。日本人上司が青年に言った。

「まず君には『仕事で得られる幸福感』を知ってほしい。仕事とは苦しいものではなく、楽しいものなんだよ。出社日は月曜から土曜、勤務時間は午前七時から午後十時まで。仕事をしっかり覚えれば、できること、楽しいことが増えていくから」

彼は上司の指示に従って働き始めた。一カ月後、上司が青年に聞いた。

「どうだね。幸福感を得られるようになったかね?」

「はい。すごく感じるようになりました」

上司は嬉しそうな表情を浮かべて聞いた。

「それは良かった。で、君はどんな時に幸福感を得られるのかね?」

青年が答えた。

「土曜の午後十時です」

●日本人社長の憂鬱

とある日本企業。日本人社長がイタリア人社員のアルベルトの怠惰な働きぶりに怒って言った。

「おまえは何をしているんだ！」

アルベルトが答えた。

「別になにも」

社長は次に、その同僚である同じイタリア人のブルーノに言った。

「では、おまえは何をしているんだ！」

ブルーノが答えた。

「アルベルトの手伝いです」

●夜景

ニューヨークの夜景は自由でできている。

パリの夜景は芸術でできている。
東京の夜景は残業でできている。

日本人の働き方

お正月のおせち料理に入っている黒豆は「マメに働く」の語呂合わせ。古来、日本人は勤勉を大切な美徳の一つとして捉えてきました。「『働く』という言葉の語源は『傍《はた》を楽にすること』」との説もありますが、その真偽は別として、いかにも日本人らしい言い回しです。

それにしても江戸時代の丁稚奉公は「休みは盆暮れのみ」だったと言われますから、今なら「ブラック」ということになるでしょう。

「カロウシ（過労死）」という言葉はすでに国際語となり、日本人の「異様さ」「特殊性」を表す定番ネタになっています。いわく、日本人は「アリ」や「働きバチ」なんだとか。

二〇一九年の統計によると、日本人の年間労働時間は一六四四時間。これに対し、イギリスは一五三八時間、フランスは一五〇五時間、ドイツは一三八六時間となっています。総じてヨーロッパ諸国は、日本よりも少ない労働時間となっているようです。

一方、アメリカは一七七九時間で、日本を上回る結果に。ロシアは一九六五時間、韓国は一九六七時間と日本よりもかなり長い労働時間になっています。近年に限ってみれば、日本人だけが飛び抜けて長く働いているというわけでもなさそうです。

バブル期には「二十四時間働けますか」という言葉が流行りましたが、確かに昨今では雰囲気がだいぶ変わってきました。いつの間にか何だかよくわからない祝日が増え、連休も珍しくなくなりました。「ワーク・ライフ・バランス」といった言葉も聞かれるようになっています。

コロナ禍を通じて、「ワーク」と「バケーション」を組み合わせた「ワーケーション」という造語も広まりつつあります。これは「リモートワークを使うことで、リゾート地で働きながら休暇を取る」という意味。この言葉の発祥地はアメリカですが、日本でも「働き方改革」とコロナ禍における「新しい生活様式」が定着する中で注目を集めています。二〇二〇年四月に成立した補正予算の中には、環境省が国立公園・国定公園でのワーケーションを推進する予算がすでに盛り込まれています。

かつての「働きバチ」も、徐々に生態が変化しつつあるということでしょうか。

●謎

アメリカ人の父親が、遊んでばかりいる息子に言った。

「いいか、少しは日本人を見習ってみたらどうだ？　日本人はとにかく一生懸命に働く。一日中、朝から晩まで。そして休みも取らない。彼らは休むことなく、必死に努力して働くんだ。君も彼らに負けないように働いてみろ！」

それを聞いた息子が言った。

「でも、おかしいな。世界中どこの観光地に遊びに行っても、日本人だらけなんだけど？」

日本出張あるある

日本では勤務の評価が「成果」よりも「労働時間」で判断される文化が長く続いてきました。しかし、実際の勤務時間の中には、無駄な部分も少なくありません。

「能率が悪い会議」はまさにその一つ。欧米から来日したビジネスマンが「挨拶や名刺交換の時間が長くて、なかなか本題の議論が始まらない」ことに驚くというのは、もはや「日本出張あるある」です。さらに、会議の内容が事前にメールでやりとりしたことをなぞるだけ

だったり、新たな提案が出ても、

「一旦、持ち帰ります」

と言われて進展しなかったり。とりわけ意思決定に時間がかかる点は、多くの外国人ビジネスマンが戸惑うところです。

総じて日本人には「自分で意思決定をしたくない」と考える人の割合が多いと言われています。これは海外の人々とはかなり異なる点です。海外では「自分で意思決定したい」と考える人のほうが多いようです。

また、「長時間労働」と聞くと、日本では「働き者」のイメージが湧きますが、欧米では「無能」「仕事ができない」といった連想に。「仕事ができないから退社が遅くなる」というわけです。

その他、日本の「ハンコ文化」も独特なもの。コロナ禍においてリモートでの仕事が増えたにもかかわらず、「ハンコを押すためだけに出社する社員がいる」といった話題は、海外のＳＮＳでも格好のネタとなりました。

●就職

ビルは数カ月ぶりに友人のジャックと会った。しかし、ジャックの顔色はさえず、どうにも元気がない。ビルは心配して聞いた。

「随分と疲れた様子だが、どうしたんだい?」

ジャックが答えた。

「実はとある日本企業に就職したんだ。しかしね、これがひどい会社なんだよ。出社は朝の七時、退社は夜の十一時だぜ。まったく信じられないよ」

「それは大変そうだな。そんな会社、さっさと辞めてしまったらどうだい?」

それを聞いたジャックが言った。

「いや、出社は明日からなんだけど」

【カルロス・ゴーン】

●提案

日産自動車の社員がカルロス・ゴーンに言った。

「私はいつも二人分の仕事をしています。給料を二倍に上げてください」

するとゴーンが答えた。

「君は誰の分の仕事をしているんだね？　そいつをクビにしよう」

世紀の大脱走

一九九九年六月、日産自動車の最高執行責任者（ＣＯＯ）に就任したカルロス・ゴーン。レバノン系ブラジル人で、「コスト・カッター」の異名を持つ彼は、「日産リバイバルプラン」を発表し、強烈なリストラ策を断行しました。五つの国内工場を閉鎖するなど、二万人にも及ぶリストラを実施した結果、同社は経営危機から脱しました。

しかし、二〇一八年十一月、金融商品取引法違反で逮捕。二〇一九年一月には特別背任罪で追起訴されました。

ところが同年十二月、東京都内の自宅から中東のレバノンへ密出国で逃亡。レバノンは彼の両親の出身地ですが、この逃亡劇は世界的にも大きなニュースとなりました。

逃亡には米軍の特殊部隊「グリーンベレー」の元隊員であるアメリカ人や、十名以上の「プロの運び屋」が手助けしたとのこと。帽子とマスクで顔を隠して自宅を出たゴーン被告は、「音響機器運搬用の黒い箱」の中に身を隠し、プライベートジェットを使って日本を出国。トルコで乗り換えて、レバノン入りしたと言われています。

こうしてレバノンでの生活を始めたゴーン被告。かつては同国で切手の肖像になるほどの存在でしたが、今では「腐敗のシンボル」として厳しい目を向けられています。

二〇二〇年八月には、レバノンのベイルート港で爆発事故があり、ゴーン被告の住んでいた豪邸も大きな被害を受けたと報じられました。フランス紙には「ゴーンがホームレスになった」との見出しが躍りましたが、実際には「窓ガラスが割れた程度だった」との報道もあります。

そんな彼の激動の生涯は、ハリウッドで映画化されるという噂も。主演は容姿の似ているローワン・アトキンソンではないかと囁かれています。

映画と言えば、名作「風と共に去りぬ」の原題は「Gone with the Wind」。ゴーンも風と共に……。

●壺

カルロス・ゴーンが贈呈用に高価な壺を購入した。店員が言った。

「値札は外しておきますね」

ゴーンが答えた。

「いや、外さなくていい。ついでにゼロを二つ書き足しておいてくれ」

●節約

カルロス・ゴーンの息子が息を切らしながら家に帰ってきた。ゴーンが息子に聞いた。

「どうした？　何かあったのか？」

息子が答えた。

「今日はオフィスから市電の後を追って走って帰ってきたよ。これで一ドルの節約だ」

ゴーンが不満そうな顔をして言った。

「それならおまえは、どうしてタクシーの後を追って八ドル節約しなかったんだ！」

●伝授

カルロス・ゴーンのもとに、北朝鮮の国民から大量のメールが届いている。その内容は以下のようなものだという。

「国から脱出するコツを教えてください」

●葉巻

とある葉巻屋に日本人が入ってきて店主に聞いた。

「その葉巻はいくらですか？」

店主が答えた。

「一本で五ドル。二本買うなら、二本目は三ドルでいいよ」

「一本で十分です」

日本人は五ドルを支払って、店を出て行った。

そのやりとりを店内で見ていたカルロス・ゴーンが、すかさず店主に三ドルを出して言った。

「その二本目を買おう」

第4章

信じがたき日本社会の奇態

【観光立国】

●落下

東京スカイツリーの展望台を観光していたアメリカ人の夫婦。しかし、夫のほうが誤って展望台から落ちてしまった。妻が叫んだ。

「あなた大丈夫?」

「ああ、大丈夫だ!」

「ケガはない?」

「ないよ!」

「どこかに引っ掛かっているの?」

「そうじゃない!」

「どういう状況なの?」

「まだ落ち続けているんだ!」

意外と低い高層ビル？

近年、日本は「観光立国」を目指してインバウンド政策を強化中。その結果、国内の観光地は多くの外国人で賑わうようになりました。現在はコロナ禍によって停滞を余儀なくされていますが、いずれ収束すればまた状況は変わってくるでしょう。

日本を紹介する海外の旅行サイトなどでよく使われるのが、東京スカイツリーの夜景を写した写真。近年では「東京の夜景は世界一」との評価も高まっています。

日本と言えば「近代的な超高層ビルが林立している」というイメージを持つ外国人が多いようですが、実際のところはどうでしょうか。もちろん、東京や大阪には二百メートルを超える高層ビルが多く建っています。日本国内で最も高いビルは大阪の「あべのハルカス」で高さは三百メートル。東京スカイツリーは六百三十四メートルありますが、電波塔（送信所）という別のカテゴリーになります。

二〇二七年には、東京駅の近くに地上六十三階、高さ三百九十メートルの高層ビルが建てられる予定。「たいまつ」をイメージしたというビルは「トーチ・タワー」と命名され、完成すれば日本一の高さとなります。「日本を明るく、元気にする」がプロジェクトのビジョンということです。

しかし、世界の超高層ビルランキングは、もはや日本とは異次元の様相。一位はUAE（アラブ首長国連邦）の首都・ドバイに建つ「ブルジュ・ハリファ」で高さは八百二十八メートル、二百六階建てという壮大さです。また、トップ10のうちの半数が中国のビルとなっています。

さらに、サウジアラビアには二〇二四年に高さ千メートルの超高層ビルが建つ予定。ついに人類の建築は、大台の「一キロ」に達することになります。

日本に超高層ビルがそれほどない理由は、地震の多さや景観保護、日照権といった価値観を重視した法令上の要因などが挙げられます。中国やアラブ諸国はもはや「背比べ」に陥っている感がありますが、日本はそういった競争とは一線を画しています。ヨーロッパ諸国も高さ競争への関心は薄いようです。建造物の高さは、自己顕示欲や虚栄心の大きさと符合しているようにも見えます。

いずれにせよ、近年では訪日した中国人観光客が、「日本のビルが意外に低いことに驚く」という現象が発生。その際、彼らの中には、（中国は日本を追い抜いた。中国のほうが進んでいる）

と思う人もいれば、
（日本はビルの高さの勝負などしていない。やっぱり日本のほうが先を行っている）
と感じる人もいるのだとか。同じ光景を見ても、感じ方は人それぞれというわけです。

●Tシャツ

日本を旅行中のアメリカ人の青年が、おみやげにTシャツを買った。胸元には「日の丸」がデザインされており、美しい富士山も描かれていた。さらに、漢字で「日本」という文字も入っていた。彼はそのクールなTシャツをとても気に入った。

しかし、帰国後、彼はあることに気がつき、大変なショックを受けた。タグに「メイド・イン・チャイナ」と書いてあったのである。

●信じがたい話

信じられないが、日本での本当の話。

3位　「南アルプス市」という市がある。

2位　駅前がパチンコという名のギャンブル場だらけ。

1位　信号の「緑」が「青」と呼ばれている。

信号の色は？

訪日した外国人の多くが、日本で感じた驚きや感動を気軽にＳＮＳで発信する時代。英語には「Lookers-on see most of the game.（見物人のほうが試合の全体を見ている）」という表現がありますが、私たちが何気なく暮らしている日本社会は、海外の人々から見れば「なぜ？」と思うことで溢れているようです。

山梨県に「南アルプス市」が誕生したのは二〇〇三年。以来、日本人の間では市民権を得た地名になっていますが、海外の人からの違和感は一向に拭えず。イタリアのトリノ市からは「南アルプス市の名にふさわしいのは自分たちではないのか？」といった声があがっています。

先のジョークの一位になっているのが、信号の色の違い。日本では「進行許可」の信号を「青信号」と呼びますが、世界の他の国々では「グリーン・ライト」「グリーン・シグナル」。つまり「緑信号」です。

しかし、日本では法令上も正式に「青信号」と定められています。私は以前、ルーマニア

に二年ほど暮らしていましたが、友人が運転するクルマの助手席に乗っていた際、

「信号、アルバストゥル（青）になったよ」

と言ったところ、

「タカシ、グリーンはルーマニア語で『ヴェルデ』だよ」

と直されてしまったことがありました。私の語学力不足による言い間違いだと思われてしまったわけです。私はすぐに、

「日本では青信号と言うんだ」

と説明したのですが、どうにも言いわけがましい雰囲気になってしまったのは、いかにも不本意でした。


日本で最初の信号機は昭和五（一九三〇）年に東京の日比谷交差点に設置されましたが、その時の法令上は「緑」。しかし、戦後の昭和二十二（一九四七）年、法令上も「青」に変更されました。これは大半の国民が「青信号」と呼ぶために、法令をそちらに合わせた結果ということです。以後、実際の信号機で使われる色も「青」に寄せられていきました。

古来、日本人には「緑のものを青と呼ぶ」という不思議な特徴があります。「青リンゴ」も英語では「グリーン・アップル」。他にも日本人は木々の葉のことを「青々と茂った葉」、

カエルのことを「青ガエル」などと表しますが、これらも実際に青いわけではありません。日本に長く住むフィリピン人の友人は以前、こんなことを言っていました。

「青汁って、どう見ても緑汁ですよね」

日本語には「白い」「黒い」「赤い」「青い」という表現はありますが、「緑い」という言葉はありません。日本では古くから「白」「黒」「赤」「青」の四色が基本の色で、「緑」は「青」の一種として位置づけられていたと推察されています。「青」と「緑」が明確に区別されるようになったのは、平安時代末期から鎌倉時代頃だったと考えられています。

しかし、そんな名残からでしょう、日本人は「青」と「緑」をそれほどきっちりと分けずに表現する癖が身についているようです。外国人はそのことに仰天するわけです。

●クレイジー

クレイジーな日本の光景。

1　店が閉まる時に「蛍の光」が流れる。

2　一個二百ドル以上もするメロンが売られている。

3　トイレがボタンだらけ。

4　クルマに「初心者」や「高齢者」であることを示すステッカーが貼られている。

5　毎朝、決まった時間に新聞が各家庭に配られる。しかも、雨の日にはビニール袋に入れられて届く。

6　お酒を飲む際、最初にビールで乾杯する。

7　クリスマスにケンタッキーを食べる。

世界が仰天するニッポン

「不思議大国・ニッポン」も、ついには「クレイジー」扱い。先のジョークで挙げられた点は、いずれも海外の人たちが驚愕するポイントです。

「蛍の光」の原曲は、スコットランド民謡「オールド・ラング・サイン」。スコットランドでは非公式の準国歌として、年明けや結婚披露宴、誕生日などのお祝いの際によく唄われます。アメリカなど多くの国々でも、年明けの瞬間に唄われる歌です。

しかし、日本では卒業式や商業施設の閉店時など、「別れの曲」として定着。その理由は、日本コロムビアがアメリカ映画「哀愁」で使用されていたこの曲をアレンジし、「別れのワルツ」のタイトルで発売したためだと言われています。ちなみに当時、「別れのワルツ」の編曲者は「ユージン・コスマン」とされましたが、実はその正体は作曲家の古関裕而《こせきゆうじ》。シャレの許される大らかな時代でした。

先のジョークの四番目では、自動車に貼られている初心者マークなどがネタにされていますが、このようなステッカーが存在するのも日本ならでは。海外からの訪日客は、

「あのステッカーは日本で流行っているの？」

と疑問を持ちますが、そのシステムを知ると、

「なるほど！　それは良いアイデアだ」

と感心する人が多いようです。

ジョークの六番目では、日本人が使う、

「とりあえずビール」

という表現がネタに。このような言い回しは日本特有のもので、海外で食前酒として飲まれるのはシェリー酒やシャンパン、キール（白ワインのカクテル）など。フランスでは食前酒のことを「アペリティフ」と言いますが、これはラテン語の「開く」が語源とされています。食欲増進や会話を盛り上げるための「開会宣言」といったところでしょう。

ジョークの七番目、クリスマスにフライドチキンを食べるのも、海外から見れば「意味が

よくわからない」光景。これはKFC（ケンタッキーフライドチキン）が一九七〇年代以降、日本で大々的に行ってきた宣伝キャンペーンの影響だと言われています。

アメリカでクリスマス料理と言えば、ターキー（七面鳥）の丸焼きやローストビーフ。スウェーデンやルーマニアでは豚肉が食されます。その他、イタリアでは「カンネッローニ」と呼ばれる挽き肉などが詰まった筒状のパスタ、チェコでは鯉のフライなどがクリスマスの定番料理です。一口にクリスマス料理と言っても世界は多様性に溢れているわけですが、KFCに行列ができるのは日本くらいのものでしょう。

また、先のジョークには出てきませんが、訪日した外国人がもう一つ驚くのが「街が看板や注意書きだらけ」という点。確かに日本の街は、「事故多発」「ひったくり注意」「駆け込み乗車はおやめください」「携帯電話の電源をお切りください」といった様々な看板や注意書き、道路標識などで溢れています。中には「線路内立入禁止」といった当たり前すぎて必要性の疑われる案内板も少なくありません。

●スピード違反

日本を旅行していたアメリカ人が、スピード違反で警察官に違反切符を切られてしまった。警察官が言った。

「最高速度を示すわかりやすい標識が、見やすい所にいくつも出ていただろう？　路上にも記されていたはずだ。見えなかったのか？」

アメリカ人が答えた。

「いや、標識は見えていたんですがね。警察官が見えなかったんです」

●ジェットコースター

東京のとある病院の一室。頭部を包帯でぐるぐる巻きにされたアメリカ人の青年が、ベッドに横たわっていた。お見舞いに訪れた彼の友人が聞いた。

「どうしたんだ？　いったい何があったんだい？」

ベッドの上の彼が、ゆっくりと説明を始めた。

「昨日、僕は遊園地に行ってジェットコースターに乗ったんだ。すると途中でコースの

脇に看板が立っていることに気がついたんだよ。でも小さな文字だったからよく読めなかった。それでもう一度乗ったんだが、やっぱり読めなかった。で、三度目に挑戦してね。今度は身を乗り出して顔を近づけてみた。するとようやく看板の文字が読めたんだよ」

「なるほど。で、何と書いてあったんだい？」

哀れな怪我人はこう答えた。

「こう書いてあった。『走行中は危険ですから身を乗り出さないでください』」

【鉄道】

●こんぺいとう

アジアの田舎町から日本の観光に訪れた父と息子が、生まれて初めて列車に乗った。向かい側の席に座っていた日本人のおばあさんが二人に声をかけた。

「これは日本の〈こんぺいとう〉というお菓子です。砂糖でできた甘いお菓子ですよ。よかったらどうぞ」

まず父が「こんぺいとう」を食べ始めた。

ちょうどその時、列車がトンネルに入った。父が息子に聞いた。

「もう〈こんぺいとう〉は食べたかい？」

「いや、まだだよ」

父が言った。

「じゃあ、やめておきな。目が見えなくなるから」

芸術的な日本の鉄道

「世界で最も正確な運行」と称される日本の鉄道。海外からは「芸術的」「我が国の鉄道会社は日本人を雇え」といった声があがっています。新幹線に乗るのを楽しみに訪日する観光客も少なくありません。


ちなみに日本では「Suica」などのＩＣカード乗車券が普及していますが、かつてイギリスのジョンソン首相は、

「ロンドン五輪を機に一枚のカードで電車に乗れるようになった。日本もやったほうが良い」

とカードを掲げて嬉しそうにコメント。しかし、記者の一人から、「日本には随分前から『Suica』というカードがある」とツッコミが入ると、首相は怒って取材をキャンセル。さっさと退席してしまうという事件がありました。

日本の鉄道は正確性だけでなく、利便性や安全性、衛生面などからも「世界一」と評されます。しかし、その一方で通勤ラッシュ時の満員電車には「異様」「信じられない」との声。海外のSNSでは「時間通りに来なくても、我が国の鉄道のほうがいい」「いや、私は一度、体験してみたい。アトラクションとして」などとネタにされています。

日本の満員電車は、コロナ禍ですら解消されませんでした。マスクをして満員電車に黙々と乗り込む日本人の姿を見て、海外のネット上には「家族は止めないの？」「日本人はまるで別の星で暮らしている人たちのようだ」「カミカゼの精神と同じ？」といった投稿が寄せられました。

●口紅

夫の転勤により、東京で暮らすようになったアメリカ人の夫婦。妻が夫に言った。

「あなた、ワイシャツの襟元に口紅の跡が付いていたわよ。これはいったいどういうわけ?」

夫が答えた。

「これは満員電車で付いたものだよ。君は東京の満員電車がいかにクレイジーか知らないんだ」

妻が言った。

「そう。東京の電車はさぞかしクレイジーなんでしょうね。ほら、パンツにまで口紅が付いているもの」

【IR】

●日本式カジノ

日本にもついにカジノができるらしい。しかし、こんなカジノだったら嫌だ。

1 ディーラーがすべてAIロボット。
2 ドレスコードがキモノ。

3　負けたらハラキリ。
4　ルーレットが漢字で書いてあって読めない。
5　掛け金は日本円だが、払い戻しは北朝鮮ウォン。

日本のＩＲはどこへ？

インバウンド政策の切り札として推進されているのが、いわゆる「ＩＲ（Integrated Resort）」。ＩＲはカジノだけでなく、国際会議場やホテル、商業施設などが一体となった統合型リゾートのことを指しますが、日本においてはカジノのイメージが先行している感もあります。

「世界の主要国でカジノがないのは日本だけ」とも言われてきましたが、こうした状況を受けて二〇一六年に「ＩＲ推進法」が成立。合法化へと舵を切りました。現在では大阪や横浜、和歌山などがその有力候補地となっています。

もちろん、カジノ導入に対する意見は様々。依存症対策や、犯罪組織の関与防止などについては、重ね重ね丁寧な仕組みづくりが求められます。

二〇二〇年にはＩＲを巡る汚職事件も発生。加えて、新型コロナウイルスの感染拡大という状況も、強い逆風となっています。

一方、海外のSNS上には、日本のカジノに期待する声も。ゲームやアニメのイメージから「カジノチップはスーパーマリオのコインがいい」「ドラゴンボールが揃ったらジャックポット（大当たり）というのはどう?」など、今までのカジノにはない新たなエンターテインメントを日本が生み出してくれるのではないかという声が広がっています。

●ギャンブル好き

ギャンブル好きのアメリカ人が、東京の違法カジノ店で捕まった（日本ではまだカジノは違法である）。アメリカ人が言った。

「反省しています。もう絶対にやりません。賭けても良いですよ」

【治安の良さ】

●換気

東京の病院。医者が新型コロナウイルスの感染者に言った。

「寝る時は窓を開けて、十分に換気をしてください」

数日後、患者が医者に言った。

「おかげさまで、ウイルスがすべて消えたようです！」

ロサンゼルスの病院。医者が新型コロナウイルスの感染者に言った。

「寝る時は窓を開けて、十分に換気をしてください」

数日後、患者が医者に言った。

「私の所持品がすべて消えたようです！」

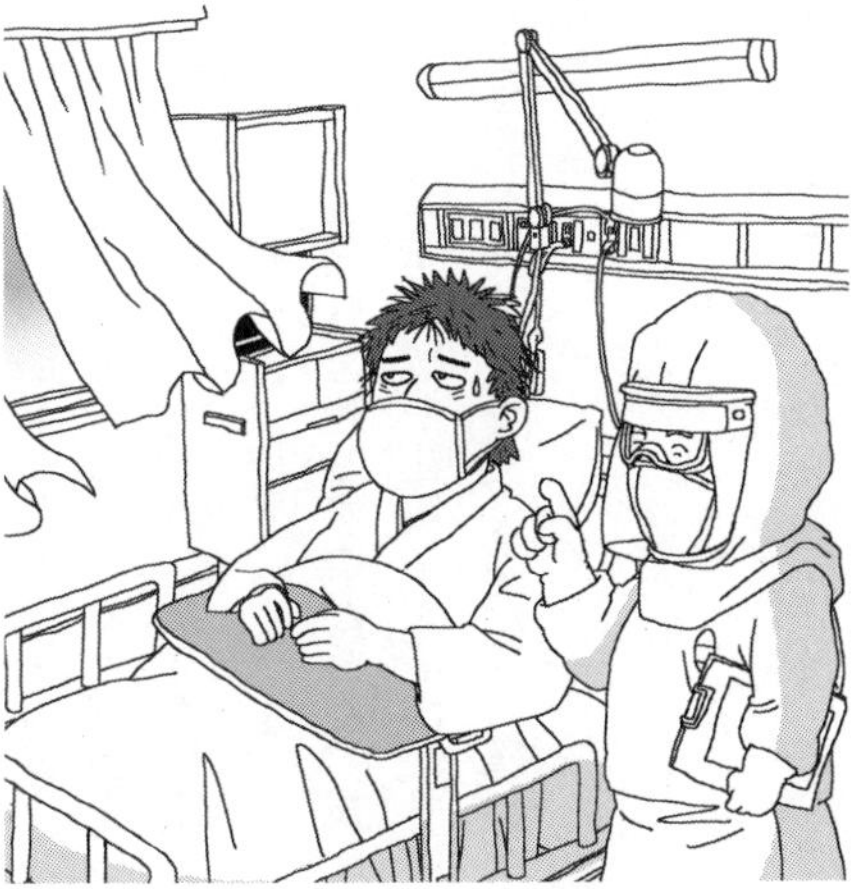

世界に冠たる治安の良さ

先のジョークでは新型コロナウイルスをネタにしつつ、日米の治安の違いがパンチライン（オチ）になっています。

日本の治安の良さは、訪日外国人が感嘆する要素の一つ。「財布を落としても、お金を抜かれずに戻ってくる」「ファストフード店で席に荷物を置いて注文に行ける」「夜中に女性が一人で街を歩くことができる」「電車の中で眠れる」といった話は、もはや「都市伝説」のような扱いになっています。

多くの国々では治安上の理由から、深夜に女性が一人で歩くことは極力避けられますし、「電車内で寝てはいけない」と親が子どもに教えます。日本にずっと住んでいると、治安の良さをごく当たり前のことのように思ってしまいがちですが、世界の人々から見れば極めて羨ましいことです。

二〇一一年三月十一日に発生した東日本大震災の際には、「暴動を起こすことなく、規律を保ちながら配給の列に並ぶ」「未曽有の危機の中でも、人々が挨拶や礼儀を大事にしている」といった被災者の姿が、世界中に驚きと感銘を与えました。大きな天災のたびに暴動が起きるのが、哀しき「ワールド・スタンダード」なのです。

●ポケット

新しく仕立てたばかりのスーツのポケットに手を入れたら、百ドル紙幣が入っていた。

そんな時、各国の人々はどうする？
欧米人……神に感謝してから自分のものにする。
日本人……服屋に届け出る。
中国人……服屋にこう言う。「今度はポケットだらけのスーツを仕立てたいのだが」。

旅先での「危なかった話」

私はこれまでに五十カ国ほどの国々をウロウロしてきましたが、旅先で遭遇したトラブルのいくつかを、恥を忍んで並べてみましょう。

ハンガリーのブダペストで公園を歩いていた際、見知らぬ青年が近寄ってきて、

「あなたのベルト、とても素敵ですね。ちょっと見せてください」

とニッコリ。私の腰のあたりに手を近づけてきました。あまりのインチキ臭さにさすがに追い払いましたが、後から地元の人に聞くとやはりスリの常套手段とのこと。相手が色香漂う女狐だったら、簡単にやられていたかもしれません。

私がかつて住んでいたルーマニアには「偽警官」が多くいました。彼らは外国人を見つけると、

「所持金のチェックだ」
と言って、財布を提示させます。彼らは慣れた手つきでお札をパパッと数えると、すぐに財布を返してくれますが、この時にはすでに数枚の紙幣が抜き取られているという名人芸。当時のルーマニアは猛烈なインフレ下にあり、百ドル札を両替すれば札束に変わるような社会状況でしたが、これを巧みに利用した手口でした。このような偽警官が「本物の警官」とグルになって共演してくるパターンもあるのでかなり厄介でした。

ルーマニアからブルガリアへ向かう夜行列車に乗っていた時のこと。私は鍵付きの個室を取っていたのですが、翌朝、鞄の中に分けて入れておいたお金の一部がなくなっていることに気づきました。これは車掌が合鍵を使って個室内に侵入し、盗みを働くのだと後に聞きました。鍵付きの個室だからとすっかり油断して熟睡していた私は、自分の甘さと相手の執念深さにうなだれた次第です。

同じくルーマニアの列車内で、車掌から「この先は別料金だ。払わなければ次の駅で降ろす」と不正な請求をされたこともありました。現地の事情がわからない旅行者だったら、払ってしまったかもしれません。

トルコの列車内でトイレを使った際には、車掌から「使用料」を求められたこともありました。

中国のハルビンでは空港から乗った深夜タクシーが、人気のない森の中で停車。そこで待っていた別のタクシーに乗り換えるようドライバーから指示されました。新たに乗ったタクシーのメーター表示が、グングンと上がっていったのは言うまでもありません。

一方、私が訪れた国の中で最も治安が良かったのがサダム・フセイン時代のイラク。独裁政権下のイラクには、街の至る所に秘密警察がいた上、公開処刑、鞭打ち刑、窃盗犯に対する手首の切断といった厳罰が設けられていましたが、その甲斐あって「抜群の治安」が保たれているという厳然たる事実には、人間の織り糸が見え隠れするような感覚を覚えました。

しかし、日本はこのような厳罰もなく世界一の治安を保っているのですから、やっぱり不思議な国だと言えるでしょう。

【超高齢社会】

●長寿の薬

薬の行商をしている日本人が訪米し、街角に立って大きな声で言った。

「長寿に効果のある薬はいかがでしょうか？　私はいつもこの薬を飲んでいますが、何歳に見えますか？　実は私は三百歳なのです」

話を聞いていたアメリカ人たちはざわめいた。そのうちの一人が、行商人の助手に聞いた。

「おい、彼は本当に三百歳なのかい？」

すると助手が答えた。

「どうでしょう。それはわかりませんね」

「やっぱり」

「ええ」

助手は頷いてから続けた。

「私はあの方のもとで働くようになってから、まだ百八十年しか経っていませんから」

●ピーナッツ

世界一の超高齢社会である日本の首都・東京は、多くの高齢者で溢れていた。そんな街の中心部を走るバスの車内で、一人のおばあさんが運転手に言った。

「これピーナッツです。どうぞ」

運転手は喜んでそれをもらって食べた。

次の日もそのおばあさんは、運転手にピーナッツをあげた。その翌日も、またその翌日も。運転手はついに言った。

「おばあさん、お気持ちは嬉しいのですが、もう結構ですよ。ピーナッツはあなたが食べてください」

するとおばあさんが答えた。

「でもね、私はもう歯がなくてピーナッツを食べられないんですよ。私にできるのは周りのチョコレートをなめるくらいで」

世界一の長寿国

日本人の平均寿命は、男性が八十一・四一歳、女性が八十七・四五歳（二〇一九年、厚生労働省調べ）。海外の国々と比較すると、男性は香港、スイスに続く三位、女性は香港に次いで二位という順位です。

日本では六十歳を迎えた時、「還暦」としてお祝いをします。かつて長嶋茂雄氏は六十歳の誕生日に、

「私も今日、初めてこの還暦を迎えたわけで」

と述べましたが、ともあれ、こうも寿命が延びると「六十歳で長寿の祝い」というのも時代に合わない感じがしてきます。

一方、平均寿命が世界で最も短い国は、アフリカ南部に位置するレソトで五十二・九歳（二〇一八年、WHO調べ）。次いで中央アフリカの五十三歳、シエラレオネの五十三・一歳とアフリカ諸国が続く結果となっています。平均寿命が五十歳余りというのは、現在の日本人の感覚からするとかなり驚きの数字ではないでしょうか。日本では近年、「人生百年時代」といった言葉が聞かれるようになってきましたが、前述のアフリカの人々から見れば、日本人は人生を二つ持っているようなものかもしれません。

しかし、日本は日本で「少子高齢化」という難題に直面しています。今後、世界の先進国の多くがこの課題と向き合うことになりますが、その先陣を切っているのが日本です。

本来、長寿は人間にとって幸福なことのはず。海外には「最も長生きする者が、最も多く

見る（They that live longest see most.）」という表現があります。しかし、長寿化が必ずしも幸福度に直結しないのが、人間社会の難しさなのかもしれません。

日本の人口は現在、約一億二千六百万人ですが、このままだと二一〇〇年には約六千万人にまで減少すると推計されています（二〇二〇年、ワシントン大学調べ）。

一方、世界の総人口は現在、約七十七億人ですが、二〇六四年には約九十七億人にまで増加。その後は減少に転じ、二一〇〇年には約八十七億人になると予測されています。その頃には、インドの人口が中国を抜いてトップとなり、二位にナイジェリア、三位が中国になるとのことです。

二一〇〇年には、世界のジョーク地図も大きく変わっていそうです。日本人はどんな役柄を演じているのでしょうか。

●秘訣

世界各国の女性に「若く見られる秘訣」を聞いた。各国の女性はこう答えた。

アメリカ人「よく運動することです」

フランス人「よく恋愛することです」

ブラジル人「よく踊ることです」
日本人「よく働くことです」
中国人「歳をごまかすことです」

●長寿の村

日本のとある村。その村の住人たちは、日本の中でも特に長寿なことで有名だった。

海外から取材に訪れた新聞記者が村人に聞いた。

「この村は長寿で有名なのですね」

「ええ」

「何か秘訣があるのですか?」

「さあねえ」

そんな取材の最中、新聞記者はあることに気がついた。近くの家で葬式の準備が進められていたのである。新聞記者が聞いた。

「おや? あそこで行われているのは葬式の準備じゃありませんか?」

村人が答えた。

「ええ。葬儀屋が自殺したんです」

●宣告

東京のとある病院。医者が患者に言った。

「余計な心配は必要ありません。元気を出してください。あなたは百歳まで生きられますよ」

しかし、患者の顔から不安そうな表情が消えることはなかった。

患者は九十九歳だったのである。

●嘘

今年で六十歳になる大金持ちの日本人が、二十五歳の女性と結婚することになった。

彼の友人たちは、嫉妬して聞いた。

「どうやって、あんな若い女性を射止めたんだい？」

大金持ちが言った。

「簡単なことさ。年をごまかしたんだよ」

「なるほどね。では何歳だと偽ったんだい？　四十歳とか？」

大金持ちが答えた。

「それじゃダメだよ。君は世の中がわかっていないね」

「では何て？」

大金持ちが言った。

「八十歳さ」

●同窓会

日本のとある婦人が、東京の渋谷へ買い物に行った。次の週末、卒業から四十年が経ったことを祝う小学校の同窓会があるのだ。婦人は新しい服を購入するため、店に入った。

婦人が服を選んでいると、若い女子高生たちの集団が入店してきた。やがて、そのうちの一人が、一着のワンピースを手に取りながら叫ぶようにして言った。

「なにこれ！　これ着るとまるで三十歳みたいに見えない？」

それを聞いた婦人が言った。

「あったわ！　私の欲しかった服が！」

【人生がときめく片づけの魔法】

●挑戦

最近とても流行している「日本流片づけ術」に私も挑戦してみることにした。「日本流片づけ術」とは「あなたの所有物の中で、あなたに楽しみをもたらさないモノはすべて捨てなさい」という教えである。私はこの内容に心から感動し、共感した。

私は捨てた。野菜、体重計、鏡、ルームランナーを。

日本人女性の著作が世界的ベストセラーに

近藤麻理恵さんの『人生がときめく片づけの魔法』が日本で刊行されたのは二〇一〇年。日本でも話題を呼びましたが、その四年後の二〇一四年、アメリカで翻訳版が出版されると、これが大ベストセラーに。近藤さんの名前をもじった「Kondoed」という造語が「不要なモノを処分する」という意味で用いられるまでになりました。今では世界四十カ国以上で刊行され、シリーズ累計は実に一千二百万部を突破しています。二〇一五年には、アメリカ誌「TIME」の「世界で最も影響力のある100人」にも選ばれました。

二〇一九年には「Netflix」で、近藤さんの冠番組がスタート。アメリカの一般家庭を訪問して「片づけ術」を教えるというこの番組は、世界百九十カ国で放映されています。現在、世界で最もよく知られる日本人の一人です。

近藤さんは幼少時から家事や片づけに興味があり、小学生の頃は「整理整頓係」だったとのこと。「栴檀《せんだん》は双葉より芳し」といったところでしょうか。

大学在学中には「片づけコンサルティング」を開始。以降、独自の片づけ術を深めていったと言います。

近藤さんの片づけ術とは、「モノを捨てる前に『理想の暮らし』を考える」「触った瞬間に『ときめき』を感じるかどうかで判断する」「大切にすればするほど、モノは『あなたの味方』になる」など。「ときめき」は「spark joy」と訳されていますが、こうした精神性を大切にした片づけ術が、東洋的でミステリアスな雰囲気と相まったことで、新たな魅力を生み出しているようです。「Netflix」の番組には彼女が正座をして心を落ち着ける場面が設けられていますが、そのような演出が人気に拍車をかける効果を生んでいます。

欧米社会では、西洋文明を「物質主義に偏りすぎた」との自省をもって捉える人が少なくありません。そんな中で「心のあり方」を重視する東洋的な生活スタイルへの関心が高まっています。近藤さんの片づけ術も、そのような時代の潮流の中で広く受け入れられたと言えるでしょう。

●コロナとコンドウ

コロナ禍で外出もできない。買い物にすら自由に行けない。

今、マリエ・コンドウはきっとこう思っているに違いない。

『もっと家にモノがあったらな』

●片づけ術

日本人がアメリカ人の友人に「片づけ術」を教えていた。

「モノをどんどん減らしていきましょう。半分は人に与えれば良いのです」

「なるほど。すばらしい考えですね」

「例えば、もし一万ドルあったとしたら、五千ドルは人に与えるのです。できますか?」

「わかりました」

「クルマが二台あったとしたら、一台は人に与えてください」

「そうしましょう」

「シャツが二枚あったら一枚は人に与えましょう」

「いや、それは無理です」

日本人は不思議そうな表情を浮かべて聞いた。

「なぜですか?」

アメリカ人が答えた。

「だって、シャツは本当に二枚持っているから」

【第二次世界大戦】

●もう一つの世界史

もしも第二次世界大戦で、日独伊三国同盟側が勝っていたとしたら?

1　トルーマン、チャーチル、スターリンは戦犯として処刑。
2　アメリカは東西に分断され、東部はドイツ、西部は日本が統治。
3　ワシントンD.C.に巨大な壁が建設される。
4　日米安保条約が結ばれ、ハワイとカリフォルニアに日本軍基地が集中。
5　先進国首脳会議のメンバーは、ドイツ、日本、イタリア、満洲国、インドの五カ国（G5）。
6　日独冷戦が勃発。
7　二十一世紀、スマートフォンの裏にあるのは「アップル」ではなく「カキ（柿）」のマーク。

先の大戦のイメージ

『平家物語』第一巻の冒頭「祇園精舎の鐘の声、諸行無常の響あり。娑羅双樹の花の色、盛者必衰のことはりをあらはす。おごれる人も久しからず、只春の夜の夢のごとし。たけき者も遂にはほろびぬ、偏《ひとえ》に風の前

の塵に同じ」は美しい日本語の名文句ですが、これさえも言わば「勝者が書いたもの」。いつの世も、歴史は勝者によって綴られます。

それでも近年では、「日本軍＝悪」といった一方的な構図による映画や書籍は減り、日本側の立場にも目を配るような構成のものが大半となっています。硫黄島の戦いを日米双方の視点から描いた映画「父親たちの星条旗」「硫黄島からの手紙」は、国際的な高い評価を獲得。二〇一〇年には太平洋戦線を舞台にしたテレビドラマシリーズ「ザ・パシフィック」が世界中で大ヒットを記録し、「プライムタイム・エミー賞作品賞（ミニシリーズ部門）」を受賞しました。ミッドウェー海戦をテーマにした映画「ミッドウェイ」も公開されました。

しかし、中国では「極悪非道な日本軍」が登場する抗日ドラマが今も健在。ただし、今や大半の中国人が「くだらない抗日ドラマよりも、日本のアニメのほうが面白い」と口にする時代になっています。

「神風《しんぷう》特別攻撃隊」は今も「カミカゼ」の呼称と共に、海外の人々に強い印象を残しています。以前は「狂信的」と捉えられることが多くありましたが、最近では冷静な見方をする人が増えてきています。靖國神社の遊就館には特攻隊員たちの肖像写真と共に遺書や遺品などが陳列されていますが、コロナ前までは海外からの見学者が増加傾向にありました。

その他、広島、長崎への原爆投下にも、当然ながら高い関心が示されています。中東などでは、

「どうして日本はアメリカにやり返さないんだ？」

といった質問を受けることが珍しくありません。

そんな中、二〇一六年五月にアメリカのバラク・オバマ大統領（当時）が広島を訪問。慰霊碑に献花したシーンは、国際的にもトップニュースとして報じられました。

同年十二月には、安倍晋三首相（当時）がハワイのパールハーバーを訪問。こちらも世界的に大きな話題となりました。「和解の力」というメッセージが、国際社会に広く示されたのです。

●落下物

各国のパラシュート部隊が合同訓練をしていた。

最初にスイス兵が機体から飛んだ。しかし、彼は持っていたナイフを落としてしまった。

次に日本兵が飛んだ。彼は持っていた日本刀を落としてしまった。

最後にアメリカ兵が飛んだ。彼は持っていた手榴弾を落としてしまった。

三人は無事に地上に降り立つと、すぐにそれぞれの落とし物を探し始めた。

スイス兵は泣いている男の子を見つけた。スイス兵は話しかけた。

「どうして泣いているんだい？」

男の子が答えた。

「空からナイフが落ちてきたんだ。そのナイフがうちの犬に当たって死んじゃった」

日本兵も泣いている男の子を見つけた。日本兵は話しかけた。

「どうして泣いているんだい？」

男の子が答えた。

「空から日本刀が落ちてきたんだ。その日本刀がうちの猫に当たって死んじゃった」

アメリカ兵も泣いている男の子を見つけた。アメリカ兵は話しかけた。

「どうして泣いているんだい？」

男の子が答えた。

「お父さんがおならをしたら、家が爆発して吹っ飛んじゃった」

【言語】

●英語

日本の首相がニューヨークで行われた国連総会に出席し、英語でスピーチした。それを聞いた世界の首脳たちはこう思った。

（日本語というのは意外と英語に似ているんだな）

英語が苦手

総じて「英語が苦手」とされる日本人。各種調査でも、日本人の英語力は「アジアで最低ランク」になることが多いようです。アジア進出を企図する欧米企業が、英語力の観点から日本ではなくシンガポールなどを拠点に選ぶ事例も珍しくありません。

日本にいる限り、日々の生活の中で英語を使う必要性はほとんどありません。同じアジアでもインドやフィリピン、シンガポールなどでは英語が不自由だと日常生活に不便が生じたり、人生の選択肢が狭まったりします。歴史的に英語圏の国に支配された過去を持たない日本では、「英語ナシ」の社会が構築されています。

そうは言っても、日本と同じく英語圏の国の植民地になった歴史を持たない台湾やタイは、英語力ランキングで日本よりも上位。「日本人の英語下手」には、やはり改善の余地があるでしょう。

日本人が英語を苦手とする理由の一つには、日本語と英語が言語的に大きく異なる性質を持つことが挙げられます。単語、文法、発音ともに、日本語と英語は「一番遠い言語」とも言われます。

発音に関して言えば、日本語の母音は五つ。英語の母音は細かく分類すると三十近くもあります。日本語の子音は十六ですが、英語は二十四。日本語では普段使用しない発音が英語には多くあるわけです。

また、日本人には「間違いのない英語を話さなければならない」という意識が強すぎる傾向があります。インド人もシンガポール人も「自国風の訛った英語」を普通に使っています。インド人の英語は「ヒングリッシュ」、シンガポール人の英語は「シングリッシュ」と呼ばれます。フィリピンにはタガログ語と英語が混成した「タグリッシュ」という言語があります。

日本では「カタカナ英語」が馬鹿にされますが、「日本語訛りの英語」でも別に良いのではないでしょうか。言語に対して「完璧主義者」になりすぎて、気後れしてしまうのが一番良くないと思います。

かく言う私も、いい加減な英語を駆使しながら、世界各地を楽しく旅しています。

●学会

アメリカ人の学者が、来日して学会に参加した。

開会に際し、彼は短いスピーチをした。しかし、拍手はまばらだった。彼はとても落ち込んだ。

彼の次には日本人が登壇し、同じく短いスピーチを行った。すると会場は割れんばかりの盛大な拍手に包まれた。それを聞いた彼はさらに気を落とし、学会のスタッフに尋ねた。

「あの日本人はどんなスピーチをしたのかね？」

スタッフが答えた。

「あなたのスピーチを訳しただけですよ」

●姓名

ニューヨークにある国際的な大企業。アメリカ人のCEOが広いオフィスを歩いていると、見慣れない一人の社員を見つけた。CEOはその社員に声をかけた。

「君は新入社員かね？」

「はい、ケンと言います。東京から来ました」

それを聞いたCEOが言った。

「君はまだ入社したばかりで知らないだろうが、我が社は名前ではなく姓で呼び合うようにしているんだ。名前で親しく呼び合っていると、社内の規律が乱れてしまう。緊張感を保って仕事をするには、姓で呼び合うことが重要だ。わかったね？」

「わかりました」

「で、君の姓は？」

「私の姓はヒガシヨツヤナギと言います」

それを聞いたCEOが言った。

「うむ。ではよろしく頼むよ、ケン」

難解すぎる日本語

日本人にとって英語が難しいのと同様、英語圏の人々にとって日本語は極めて習得が困難な言語。日本語は「世界一複雑で難解」とも言われます。

日本で暮らす外国人の中には「なんでもいい」と「どうでもいい」の使い方で悩む人も。友人の日本人から、

「ランチどうしようか？」

と聞かれた際、

「どうでもいい」

と答え、気まずい雰囲気になってしまったという話があります。また、相手を褒めようと思って、

「あなたはおめでたい人ですね」

と言ったら驚かれてしまったという逸話も。

「ものの数え方」も日本語を学ぶ人たちを大いに悩ますところです。数を表す語の後ろに付ける言葉を「助数詞」と言いますが、日本語では対象となる物の種類によって「一個」「一

枚」「一本」「一台」「一冊」「一匹」などと助数詞が多彩に変化します。日本語にはこのような助数詞が五百以上あると言われていますが、英語では一部の例外を除いてほとんどありません。

日本語を学ぼうとする外国人は、この助数詞の存在に絶望を感じるようです。私の知人のオーストラリア人は、

「ウサギが一羽とかエビが一尾とか、全部『一匹』でいいでしょう? 日本人はクレイジーすぎる」

と冗談めかして笑っていましたが、彼らがそう感じるのも宜《むべ》なるかなと思います。加えて、「一本(いっぽん)」という言葉がその数によって「二本(にほん)」「三本(さんぼん)」と発音が「ぽん」「ほん」「ぼん」と変化していくのですから、このような言語の習得は本当に苦行だと思われます。

●クビ

私は日本語の家庭教師をクビにした。なぜなら、その教師が間違った単語を私に教えていたことが判明したからである。私はテレビを観ていて、そのことに気がついたのだ

った。

日本人は肉を食べると「甘い」と言う。

ケーキを食べると「甘くない」と言う。

私の教師は真逆の意味を教えたのだから、クビにして当然だ。

肉は甘い？

日本のテレビ界では「グルメ番組」が盛況のようですが、近年、出演者が多用するようになったのが「甘い」という言葉。肉や刺身を食べた時にも「甘い！」と絶叫。生野菜を食べても「甘い！」、湧き水を飲んでも「甘い！」。以前はこのような表現は一般的ではありませんでした。

逆にケーキなどを食べた際には「甘くない」などとコメント。外国人が混乱するのは当然でしょう。

食事が美味しかった時に「ヤバい」という言葉を使うのも、とりわけ若年層には定着しています。元来、否定的な場面で使われていた「ヤバい」という表現が、近年では肯定的な意味でも使用されるようになってきたわけです。

このような言語表現の変化は「言葉の乱れ」とも受け取れますが、実際には自然な現象の一つなのかもしれません。例えば「とても」という言葉は、元々は「とても見過ごせない」というように「否定を強める」ための表現でした。それが明治・大正期に、現在のような「すごく」という意味で広く使用されるように変化したのです。昭和三十年に刊行された『広辞苑』の初版の「とても」の項には、「明治末期より否定をともなわずに用いる」と記されています。

民俗学者の柳田國男は「とても寒い」という表現を聞いて、「飛び上がるほど驚いた」とか。坪内逍遥は「近頃は『とても』という訛語《かご》が非常に広く使用される（略）近頃は『とても面白い』、『とても有力だ』、『とてもよく行われる』なぞと連用する」とその驚きを書き残しています。

言葉の用法が変わっていくことには確かに違和感を覚えますが、それは一種の「表現の新陳代謝」なのかもしれません。

だからと言って、私は食事の際、「ヤバい」とは言いませんが。

●二匹の犬

アメリカの牧場。一匹の犬が鳴いた。

「バウ」

もう一匹の犬が鳴いた。

「ワン」

最初の犬が驚いて聞いた。

「どうしてそんな鳴き方をしたんだ？」

ワンと鳴いた犬は、澄ました調子で答えた。

「僕はね、日本語をマスターしたんだ」

多様なオノマトペ

犬の鳴き声は日本語では「ワン」。しかし、英語圏の国々では「バウ」「バウワウ」などが一般的。フランス語では「ワフワフ」あるいは「ウワウワ」、ロシア語では「ガフガフ」など、言語によってかなりの違いがあります。韓国語では「モンモン」などと言います。

猫の鳴き声は日本では「ニャー」、英語では「ミャオ」。韓国語では「ヤオン」などと表します。

牛の鳴き声は日本では「モー」ですが、英語では「ムー」。豚の鳴き声は日本では「ブーブー」「ブヒブヒ」などですが、英語では「オイン、オイン」となります。

また、ルーマニア語ではクマの鳴き声を「モルモル」と表現します。

日本語の特徴の一つとして、擬音語が多いことが挙げられます。心臓の鼓動を「ドキドキ」、拍手を「パチパチ」、雷鳴を「ゴロゴロ」などと表すのも、国際的に見ると独特の表現です。

さらに状態や感情など、音のしないものを表した「擬態語」も日本語は豊富。強い目線のことを「ジロジロ」、穏やかな風のことを「そよそよ」、相手に恋心を寄せることを「メロメロ」などと表しますが、このようなニュアンスは外国人にはピンとこないもの。習得するには「丸暗記しかない」ことになりますが、使い方を間違えると笑われる場合が多いので注意が必要となります。

そんな多彩なオノマトペ（擬音語、擬態語）ですが、「笑い声」はどの国でもほぼ共通。日本語では「ハハハ」「へへへ」などですが、英語でも「ｈａｈａｈａ」「ｈｅｈｅｈｅ」。肌の色や目鼻立ちは少々異なる私たちですが、「笑い声」は同じというわけです。

第5章
愛すべき変わり者？日本人の生態

【賢い】

●消しゴム

ニューヨークの小学校。先生が生徒たちに言った。

「先生の質問に答えられた子から家に帰っていいぞ」

すると突然、生徒の誰かが黒板に向かって消しゴムを投げつけた。先生が驚いて聞いた。

「誰だ！　今、消しゴムを投げたのは？」

日本人の男の子が手を挙げて答えた。

「はい、僕です！　では家に帰ります」

日本人は「賢い」か「ずるい」か？

私がかつて暮らしていたルーマニアでは、日本人と言えば「賢い」というイメージが少なからずありました。「主だった資源がないのにもかかわらず、優れた科学力や技術力によって日本は世界トップクラスの先進国になった」とはルーマニアの多くの書籍に記載されていた表現です。

このようなイメージは、決してルーマニア特有のものではありません。同様の話は世界各地でよく聞かれます。

ただし、アメリカでは「真珠湾攻撃」が「だまし討ち」と捉えられていることから「日本人＝ずるい」という連想が根強く存在するのも事実。実際の真珠湾攻撃は「だまし討ち」ではなく、在米日本大使館が最後通牒の手交に手間取ったことで宣戦布告が遅れたというのが真相ですが、アメリカではすでに「だまし討ち」としての歴史認識が深く浸透しています。

さらにバブル期に日本の通貨「円」が世界を席巻し、貿易摩擦などが問題視されたことにより、「ずるい」というイメージは補強されました。一九九一年の湾岸戦争の際には、多国籍軍に参加せず支援金だけ拠出。やはり「ずるい」と批判されました。

しかし、近年ではそういった印象もだいぶ変わってきているようです。訪日外国人が一様に驚くのは、日本人の「礼儀正しさ」や「正直さ」。SNS上には「日本人のおもてなしに感動した」「私は世界中を旅行してきたが、日本人ほど親切な人々は他にいない」といった投稿が無数に寄せられています。

●天才

アメリカと日本の学者を招いて、ハワイで学会が催された。彼らはいずれもIQが百五十以上ある天才ばかりだった。

彼らは地元のレストランで昼食をとった。するとテーブルの上にあった塩とコショウの瓶の中身が、逆になっていることに気がついた。塩と書かれたラベルの瓶にコショウが、コショウと書かれたラベルの瓶に塩が入っていたのである。

彼らは速やかに議論し、一つの解答を導き出して、ウェイトレスを呼んだ。そのウェイトレスは地元のワイキキ出身の若い女性だった。学者たちは現状を説明し、彼女にこう言った。

「空のコップを二つ用意してください。それからミネラルウォーターとドライヤーも。これですべてを解決することができます。踏むべき段階は四つ。一つ、瓶の中身をそれぞれコップに出す。二つ、瓶の内部をミネラルウォーターで洗う。三つ、瓶の内部をドライヤーで乾かす。四つ、塩とコショウを正しい瓶に入れ直す。これでこの問題は完全に解決できます」

するとそれを聞いたウェイトレスは、

「これでいいのでは？」

と言って、二つの瓶のラベルをさっさと貼り替えたのだった。

【物静か】

●休日

とある休日、アメリカ人の家に会社の同僚の日本人がやってきた。玄関で日本人は何か話すわけでもなく、深々と一つお辞儀をした。

日本人は日本酒を持参していた。リビングのソファーに座った日本人は、日本酒を静かに二つの杯に注いだ。二人は共に日本酒を飲んだ。日本人はやはり何も喋らなかった。

その後も二人の間に会話はなかった。数時間後、日本人はそのまま自宅に帰っていった。

アメリカ人は深く落ち込んだ。

（私は何か悪いことでもしたのだろうか？）

しかし翌日、その日本人から届いたメールに、彼は改めて悩んでしまったのである。

そこにはこう書かれていたのだった。

「昨日はどうもありがとう。とても楽しかったね」

何を考えているかわからない？

『万葉集』巻十三にある柿本人麻呂の長歌には、次のような一節があります。

「葦原《あしはら》の瑞穂の国は　神ながら　言挙《ことあ》げせぬ国」

「日本という国は、信心は深くても、それを一々口に出して祈るようなことはしない国」といったところでしょうか。古くから日本人が多弁を戒めてきた様子が感じ取れます。一方、唐や百済には「言《こと》さへく」という枕詞を使っていました。これは「やかましい」といった意味を表します。

その他、日本には「言わぬが花」「口は災いのもと」といった諺も受け継がれています。

江戸中期の雑俳集『武玉川《むたまがわ》』には、こんな一句があります。

「売れぬ鸚鵡《おうむ》の口が利き過ぎ」

ただし、饒舌を戒める表現は、他の国にも存在します。「雄弁は銀、沈黙は金」という言葉は日本発祥ではなく、十九世紀のイギリスの思想家であるトーマス・カーライルが遺した格言です（Speech is silver, silence is golden.）。

万葉の頃と変わらず、今も世界各地で「やかましい」と評されているのが中国人。欧米の観光地では「周囲に構わず大声で話しているのが中国人、黙って写真ばかり撮っているのが日本人」などと言われています。

ビジネスの場面では、日本人の「イエスかノーかわからない返事」が不興を招く例があります。中にはそんな日本人のことを「不気味」と感じる人もいるようです。

ちなみに、江戸時代の狂歌には次のようなものがあります。

「世の中は　左様　しからば　ごもっとも　そうでござるか　しかと存ぜぬ」

この五つの相槌さえ打っていれば相手に言質を取られないという江戸の知恵ですが、残念ながら現代の国際社会では通用しない場合が多そうです。

日本人の「愛想笑い」や「お世辞笑い」も、顰蹙《ひんしゅく》を買う場合があります。「日本人が意味もなくニコニコする」ことを不思議がる外国人は珍しくありません。

しかし、これも一概に短所とは言い切れないでしょう。仏教では「無畏施《むいせ》」「法施」「財施」という三つの「布施」が示されていますが、これとは別に「無財の七施」というものがあります。その中にある「和顔施《わがんせ》」という教えは「優しい笑顔で人と接する」という意味。日本人の心身には、このような教えが自然と身についているのかもしれません。

日本には「以心伝心」「阿吽《あうん》の呼吸」といった言葉もあります。「阿」が「口を開いて息を出す音」、「吽」が「息を吸って口を閉じる音」であることから、それらを合わせることを「阿吽の呼吸」と呼ぶようになりました。この「阿吽」は、仁王像や神社の狛犬にも表されています。

いずれにせよ「一々話さなくてもわかるだろう」という感覚は、日本人の間にはある程度、自然に存在しているもの。これは様々な人種や宗教、言語が入り混じるアメリカやヨーロッパなどでは、なかなか成立しない事柄と言えるでしょう。

●アンケート

日本でとあるアンケートが行われた。設問は「日本人は物事の白黒をはっきりさせることが得意だと思いますか？」というものだった。結果は以下の通りであった。

思う…五パーセント

思わない…八パーセント

どちらとも言えない…八十七パーセント

●タクシードライバー

日本のタクシーの車内に書いてある言葉。

「安全運転のため、シートベルトの着用をお願いします」

イタリアのタクシーの車内に書いてある言葉。

「安全運転のため、ドライバーが話しかけてきても答えないでください」

【悲観主義】

●実験

とある児童心理学者が、日本とアメリカの子どもの行動を比較した。悲観主義と楽観主義に関する実験である。

クリスマスの夜、日本人の子どもの部屋には、オモチャを山積みにして置いておいた。

一方、アメリカ人の子どもの部屋には、馬糞を大量に撒いておいた。

翌朝、日本人の子どもは、嘆き悲しんだ様子でこう言った。

「こんなにオモチャがあったら、僕はたくさんの説明書を読まなければならない。乾電池も山ほど必要だ。それにオモチャはいつか必ず壊れてしまう。ああ、嫌だ、嫌だ」

一方、アメリカ人の子どもは、部屋じゅうを喜んで走り回りながらこう言った。

「よし、きっとこの部屋にはポニーがいっぱいいるはずだぞ！」

今日は「良い日だった？」

日本人のメンタリティの一つに「悲観主義」が挙げられることがあります。確かに他の民族と比べると、頷ける部分があるかもしれません。

二〇一四年にアメリカの民間調査会社が発表したところによると、「今日はどんな日だったか？」という設問に「良い日だった」と答えた人の割合が最も多かった国はナイジェリアで五十八パーセント。続く二位はコロンビア（五十七パーセント）、三位はニカラグア（五十三パーセント）という結果でした。

一方、最下位だったのが日本です。割合は実にわずか八パーセント。ワースト二位は韓国（九パーセント）でした。下位グループには日本と韓国以外にもタイや中国、ベトナムといったアジアの国々が並んでいます。上位にはアフリカや中南米の国々が多く入っています。

この結果を見ると、順位を分けた要因が、経済的な豊かさによるものではないということがわかるでしょう。人間の幸福感とは、複雑な多元性が絡み合うもののようです。

もう一つ、悲観主義の度合いを推し量る物差しに「自殺率」が挙げられます。

ＷＨＯが二〇一六年にまとめた「世界の自殺率ランキング」によると、世界で最も国民の自殺率が高かった国はロシア。人口十万人あたり三十一人が自殺するという結果でした。続く二位は韓国（二十六・九人）、日本は七位（十八・五人）でした。日本の自殺率はＧ７の中では最も高い水準となっています。今回のコロナ禍の影響で、自殺率のさらなる上昇も懸念されています。

悲観主義も適度なものならば、冷静な分析や丁寧なものの見方につながるかもしれません。しかし、それが過剰となれば、様々な弊害を生み出します。過度のマイナス思考は、社会や経済を萎縮させます。

「楽観主義者がエンジンを開発し、悲観主義者がブレーキを開発する」という言葉があります。大事なのはバランス、あるいは「折り合い」のようなものではないでしょうか。

また、悲観的な現実を、自虐的なユーモアとして逆手に取り、前を向く手法もあります。例えば、平成二十七（二〇一五）年に茨城県が掲げたスローガンが「のびしろ日本一。いばらき県」。都道府県魅力度ランキングで最下位に低迷していたことをネタにした標語でした。

●自殺率

問い・日本人の自殺率はなぜ高いのか？

北朝鮮人の答え・ロープが切れないからでは？

●パラドックス

日本人の作家がこう書いた。

「すべての日本人は嘘つきである」

しかし、それを書いた彼も日本人。

この場合、日本人は本当に嘘つきと言えるのであろうか？

【日本人女性】

●理想の結婚相手

アメリカの大企業の御曹司が、お見合い結婚をすることになった。花嫁候補として三人の女性が選ばれた。

一人は礼儀正しいイギリス人の女性だった。彼女の挨拶やマナーはすばらしく、家事も完璧な女性だった。

一人は物静かな日本人の女性だった。彼女は常に男性の一歩後ろを歩き、いつも穏やかな笑みを浮かべた女性だった。

一人は芸術的なフランス人の女性だった。彼女は絵画や音楽に関する知識が豊富で、知的な会話の楽しい女性だった。

結局、結婚相手に選ばれたのは、とあるアメリカ人の女性だった。

胸が大きかったからである。

やまとなでしこ

日本人女性の美称の一つである「やまとなでしこ」。総じて「清楚」「男性を立てる」「穏やか」といった意味が含まれています。派手すぎず、控えめな美しさの漂うナデシコの花と日本人女性の美を重ねた表現は、『万葉集』の中にすでに見られます。

「うるはしみ我が思《あも》ふ君はなでしこが花になそへて見れど飽かぬかも」(大伴家持)

意味は「ご立派と思うあなたさまは、美しいナデシコの花のように、いくら見ても飽きることがありません」といったところ。大伴家持は八世紀を生きた公卿であり歌人です。

現在では女子サッカーの日本代表チームが「なでしこジャパン」の愛称で親しまれていますが、これも悠久の歴史があっての命名ということになります。

以下は余談ですが、日本人女性がよく見せる「笑う時に口元を手で隠す」という仕草は、海外では不思議がられる行為の一つ。第一章で述べたように、欧米人には「口から相手の感情を読み取る」という傾向がありますが、そういった面からも「口元を隠す」という行為は理解しがたいようです。あまり口元を何度も押さえていると、相手に「私の口臭が臭うのかな」といった誤解を与える恐れもあります。

また、これは男女問わずですが、日本人が「手を叩きながら爆笑する」のも、奇態として捉えられることがあります。その他、日本のバラエティ番組などでは「他人を指差す」シーンが多く観られますが、これは大半の国では「タブー」。実生活で繰り返せば、喧嘩にもなりかねません。

話を日本人女性に戻しましょう。日本人女性は総じて「世界でモテる」とも言われますが、外国人男性の中には「日本人女性は従順」「強引にアプローチすれば嫌と言えない」「家事をすべてやってくれる」などと誤解している人も。こういった認識不足は、様々なトラブルの原因になっています。

また、訪日した外国人がテレビを観て関心を抱くのが「男性か女性かわからない芸能人が多い」ということ。女性っぽい男性アイドルや、女装タレントなどが多いことは、海外のSNS上でもよく話題にあがります。渋谷や原宿などを訪れた外国人の中には「日本人の若者の髪型やメイク、ファッションが中性的」であることに驚く人が少なくありません。

●男女

東京の渋谷で、アメリカ人が日本人に言った。

「日本人の若者は、男だか女だかよくわからない子が多いですね。そこの道端に座っているジーパンの子なんて、まるで女の子みたいだ」

日本人が答えた。

「あれは女の子ですよ。私の娘ですから」

「あ、これは失礼しました。あなたはあの子の父親でしたか」

日本人が言った。

「いえ、母親です」

【宗教】

●宣伝

日本のウェブ広告会社の営業マンが、小さな雑貨屋の主人に言った。

「あなたのお店もウェブ広告を出しませんか？　まずはお店の存在を多くの人に知ってもらうことが重要なんです。継続して宣伝すれば、きっと大きな効果が望めますよ」

「しかしねえ」

二人が店先で話し合っていると、

「ゴーン」

という音が遠くから響いてきた。営業マンが聞いた。

「あの音は？」

「あれは四百年以上もの伝統を持つ古いお寺の鐘の音です」

それを聞いた営業マンが言った。

「ほら。お寺だって四百年も前からやっているのですよ」

日本教？

日本人の子どもは「七五三」で神社にお参りします。結婚式は教会での挙式が一般的。葬儀は仏式で行われる場合が大半です。日本人にとって、そのような行為は矛盾を感じるもの

ではありません。多くの日本人は「信じる宗教」を聞かれれば、

「無宗教」

と答えます。

そんな日本人の姿は、海外の人々からすると、まさに「ミステリー」な存在に映ります。敬虔なキリスト教徒やイスラム教徒の中には、そのような日本人の態度を「おかしい」「異様」と感じる人もいます。

海外で「無宗教」と言えば「神をも恐れぬ者」といったイメージで軽蔑の対象にさえなり得ますが、日本人の場合はこうした「無宗教者」とは異なります。「無宗教」というよりも「多宗教」、あるいは「日本教」とでも表したほうが良いのかもしれません。

一神教であるキリスト教やイスラム教とは異なり、日本の伝統的な思想は「八百万《やおよろず》の神々」を信じる多神教。神道と仏教も血みどろの宗教戦争に陥ることなく、共存するかたちで社会に根付いていきました。そんな日本人は他の民族と比べ、宗教に関してより寛容な感覚を有しているのだと思います。

日本では落語や小咄に「お坊さん」がよく登場します。戯れ唄の中には「坊さんを抱いて寝てみりゃ可愛いものよ　どこが尻やら頭やら」なんてものもあります。

日本における宗教とは、別段に格式張ったものではなく、庶民の日常生活の中で緩やかに息づいてきたものだと言えるでしょう。

【御代替わり】

●天皇家

世界最古の王族とされる日本の天皇が代替わりするということで、世界中から首脳や著名人が東京に集まった。天皇の住居である皇居で催された祝宴の際、トランプ大統領が各国の人々に言った。

「世界のリーダーはアメリカであるべきだ。それが神の御心さ」

それを聞いた習近平が言った。

「いや、世界は中国が指導するべきだ。それこそが神の意志でしょう」

それらの会話を静かに聞いていた侍従の一人が言った。

「陛下はそのようなことは頼まれていませんが」

世界中の注目を集めた「御代替わり」

二〇一九年十月二十二日、天皇陛下が即位を国内外に宣明される「即位の礼」の中心儀式である「即位礼正殿の儀」が執り行われました。アメリカのCNNは、この日本固有の伝統儀式を三十分にもわたって生中継しました。

儀式の当日、東京は朝から雨が降り続いていました。しかし、儀式の直前に雨はほぼやみ、空には虹がかかりました。これには日本国内はもちろん、海外のSNSでも「奇跡」「信じられない」「CGじゃないの?」といった驚きや感動を伝える投稿が相次ぎました。

同年十一月十四、十五日には、大嘗祭《だいじょうさい》が行われました。毎年十一月二十三日に新嘗祭《にいなめさい》が催されますが、「御代替わり《みよがわり》」に際して新たな天皇が最初に行う新嘗祭が大嘗祭です。

大嘗祭も新嘗祭も、自然の恵みに感謝の意を捧げる「収穫祭」。まさに稲作を中心として発展してきた日本にふさわしい重要祭祀と言えるでしょう。

新嘗祭の淵源は、神話の時代にまで遡ります。『古事記』『日本書紀』には、皇祖神である天照大御神《あまてらすおおみかみ》や古代の天皇が「新嘗の祭り」を行ったという旨が記されています。もともとは大嘗祭と新嘗祭の区別はなかったようです。

儀式としては、亀の甲羅を炙り、そのヒビの入り具合で物事を決める「亀卜《きぼく》」という占いによって、祭祀用の米を収穫する地方を二カ所選定。二〇一九年の儀式で選ばれたのは、下野国（栃木県）と丹波国（京都府丹波地方）でした。

新天皇は最も神聖な「御祭服《ごさいふく》」に身を包み、大嘗祭のために設けられた大嘗宮の内部で、「采女《うねめ》」と呼ばれる女官たちの補助のもと、米や粟などの神饌《しんせん》（神様に献上する食事）を供えます。続いて拝礼した後、国家と国民の安寧や五穀豊穣を祈念する御告文を奏上し、神饌を食します。

ただし、大嘗宮の最奥部で行われる儀式の詳細は「秘事中の秘事」。その大半は今も謎のままとなっています。

●正装

アメリカ人が日本人に聞いた。

「天皇の前では必ず正装をしなければならない？」

「当然です」

「ポロシャツでは？」

「ダメですね」

「Tシャツは？」

「論外ですよ」

アメリカ人が首をひねって言った。

「しかし、おかしいな」

「何もおかしくはないと思いますが？」

アメリカ人が聞いた。

「天皇が相撲を観戦した時、スモウレスラーはお尻を出していましたよ？」

陛下のユーモア

幼少時からバイオリンを習うなど、広く音楽に親しまれてきた今上陛下。学習院大学在学中は音楽部に在籍されました。学習院OBオーケストラの鎌田勇さんによるエピソードを紹介しましょう。

メンデルスゾーンの『ピアノ三重奏曲』のピアノ演奏が他の楽器に比べて極端に難しいこ

とを嘆いたピアノ担当の鎌田さんが、

「どうしてメンデルスゾーンという人は、こんなにピアノをいじめるんでしょうか」

とこぼしたところ、陛下は、

「きっと、ピアニストに恋人でも取られたんじゃないですか」

とご返答。周囲は爆笑に包まれたと言います。「陛下は冗談好き」とは、多くのご学友が語るところです。


ちなみに陛下の学生時代のあだ名は「じぃ」。これは中等科時代、陛下が校内の植木や盆栽を見て、

「なかなか、いい枝ぶりですな」

と語られたのを聞いたご学友の一人が、

「お年寄りみたいですね。これからは、宮さまを『じぃ』とお呼びしましょう」

と笑ったのがきっかけだとか。中等科卒業時の謝恩会の際には、陛下がこのあだ名にちなんでバッハの『G線上のアリア』を選曲して演奏したとも伝えられています。


一九八三年からはイギリスのオックスフォード大学にご留学。その際、友人から、

「Your Highness は、日本語で何と言うのですか？」

と聞かれ、これに「殿下」と答えられた陛下は、続けて天井の電気を指差してこう話されたそうです。

「これはデンカではなくデンキだから混同しないように」

このジョークを喜んだ友人たちはその後、陛下を「デンキ」と呼んだり、天井の電気を指して「デンカ」と言ってふざけたりと、楽しいネタの一つになったということです。

留学中、陛下は友人たちと一緒にパブに行くなど、気さくな交友関係を築いたと言われています。

●探検隊

とある探検隊がジャングルを歩いていた。そこは危険な動物が多く棲息している未開のジャングルだった。

アメリカ人は手に最新式の銃を持っていた。

「これが私を守ってくれる」

日本人は手に天皇の写真を持っていた。

「これが私を守ってくれる」

イタリア人は手に大きな鉄の塊を持っていた。

「これが私を守ってくれる」

アメリカ人と日本人が不思議に思って聞いた。

「どうしてそんなものが、あなたを守ってくれるのですか？」

イタリア人はニッコリと笑ってこう答えた。

「もし危険な動物が現れたら、この鉄の塊をどこかに投げ捨てるのです。身軽になった私は、より速く走れるようになります」

第6章
科学技術大国は健在？

【世界を走る日本車】

●オイル

クルマにオイル漏れが確認された時。

日本のメーカーの場合。

「速やかに修理いたしましょう。すぐに直せますよ」

ロシアのメーカーの場合。

「良かったですね。オイルが入っている証拠ですよ」

●焼き加減

ステーキ屋の店員が客に聞いた。

「お味はいかがですか?」

客が答えた。

「まるで日本車がエンストしたような味だね」

「なんですって？　それはどういう意味でしょうか？」

客が言った。

「かなりレアということだよ」

世界を走る日本車

アメリカ誌「コンシューマー・リポート」が二〇二〇年十一月に発表した「自動車ブランドの信頼調査」によると、一位がマツダ、二位がトヨタ、三位がレクサス（トヨタ自動車の高級車ブランド）という結果。日本企業が三位までを独占したことになります。さらに、ホンダが五位、スバルが八位と続きました。

二〇一九年、私はカザフスタンの首都・ヌルスルタンで開催されたアジア作家フォーラムに招かれて出席しましたが、日本人には馴染みの薄いこの街でも、

（日本よりも日本車の割合が高いのでは？）

と思うほど、多くの日本車が走っていました。また、「反日感情が強い」と言われる中国の南京市でさえ、普通に日本車が乗られています。

そんな「自動車大国」の日本ですが、その隆盛の礎には、戦前の陸軍の存在がありました。陸軍は自動車産業の発展を支援するために、国産自動車の増産を促す体制を整備。軍用自動車補助法といった法律を通じて、自動車会社の合併や共同出資を実現し、アメリカのフォードなどの外資系に立ち向かえる環境を整えました。

その指揮をとったのが当時、陸軍整備局動員課の課長であった永田鉄山。「陸軍随一の頭脳」と称された永田はその後、陸軍中佐・相沢三郎によって暗殺されてしまいますが、彼の描いた「世界に負けない日本の自動車産業」という理想は、戦後になって実現しました。日本の自動車産業の飛躍の種は、戦前に蒔かれていたのです。

近年も日本車の人気に陰りは見えませんが、アメリカのトランプ大統領（当時）は「アメリカ車が日本で売れない」ことにご立腹。二〇一八年三月、とある演説の中で、

「日本が不合理な検査基準を押し付けてアメリカ車を日本市場から締め出している」

と主張し、

「ボウリングの球をボンネットに落とし、少しでも凹んだら不合格にする」

と述べました。その後、この発言は日米のＳＮＳで炎上。結局、米大統領補佐官が、

「あれはジョークだった」

と釈明するという珍事となりました。

●お金の行方

トランプ政権によって断行された大幅な減税策。その減税で浮いたお金をどのように使えば、アメリカのためになるだろうか。

減税分をウォルマートで使えば、その金は中国やスリランカに流れる。

減税分をガソリンスタンドで使えば、その金はアラブ諸国に流れる。

減税分でパソコンを買えば、その金はインド（ソフトウェア分）と中国（ハードウェア分）に流れる。

減税分で燃費の良いクルマを買えば、その金は日本や韓国に流れる。

もしも、支払いにクレジットカードを使ったり、株を買ったりすれば、銀行員たちのボーナスとなり、海外に預金される。

では、私たちアメリカ国民はどうしたら良いのか？

買い物はフリーマーケット。

休日は野球観戦。

お酒はビール。
あとはタトゥーを入れるくらいしか……。

●**豊かさ**

日本とは不思議な国である。
約百年前、多くの日本人は馬に乗り、豊かな者だけがクルマに乗れた。
現在、多くの日本人はクルマに乗り、豊かな者だけが馬に乗れる。

【高品質・ハイテク】

●**ステーキ**

レストランで客が従業員に言った。

「このステーキ、随分と硬いね。なかなか切れないよ」

「ええ、スタンダードですから。プレミアムになさいますか？」

「プレミアムだと柔らかいステーキになるんだね」

「いえ、ナイフが中国製から日本製になります。よく切れますよ」

●二千円札

日本の二千円札は、絶対に偽造が不可能だという。

その精巧さには、中国人が偽造を諦めたほどだ。

そのため二千円札は、ほとんど日本で見ることがない。

●馬ロボット

とある日本企業が、精巧な馬のロボットを開発した。その馬ロボットには音声認識機能が付いており、「神様ありがとう」と言えば前進し、「アーメン」と言えばストップするのである。

一人のアメリカ人が、この馬ロボットを購入した。彼は早速それに乗り、町の郊外を散策した。

やがて彼はあまりの乗り心地の良さに、馬ロボットに乗ったまま眠ってしまった。その後、彼は目を覚ましたが、馬ロボットはちょうどその時、崖に向かって歩いているところだった。彼はすぐに、

「アーメン」

と叫んだ。馬ロボットは崖の一歩手前で停止した。彼は思わず息を深く吐き、そしてこう言った。

「神様ありがとう」

●お肉

東京で人気のお肉屋さん。一人の主婦が店員に言った。

「今夜はスキヤキにするので、お店で最も高級な『コウベビーフ』をちょうだい」

次に並んでいた子ども連れの主婦が、少し気まずそうに店員に言った。

「うちは安い挽肉でいいわ。ペットの犬のエサにするだけだから」

すると子どもが母親に聞いた。

「え？　うちの犬、ロボット犬なのに？」

●体重計

とあるアメリカ人婦人の回想。
私は三年ほど前、中国製の体重計を購入した。それからずっと毎日、使ってきた。
しかし、今日、新しい日本製の体重計に買い換えた。
私の体重は、一日で三キロ増えた。

●日本製品

問い・日本製のテレビやステレオは、なぜ触ると冷たいのか？
答え・ジャパニーズ・クール

日本はハイテク国か？

今回のコロナ禍において、JR東日本はセンサーで人や障害物を避けながら、駅の手すりやベンチに自動で消毒液を吹き付けるロボットの実証実験を開始。このニュースは海外のSNSでも話題になり、「コロナが収束したら、このロボットを見に日本に行きたい」「でも、収束したらこのロボットはなくなっているのでは?」といった投稿で盛り上がりました。同社ではさらに、軽食や飲み物を運ぶロボットの実験も進めています。

二〇二〇年、横浜の山下ふ頭には「実物大の動くガンダム」が登場。その光景を撮影した動画は、アメリカのCNNなどでも報じられ、世界中に拡散されました。「機動戦士ガンダム」は日本発の定番アニメの一つですが、海外のサイトでは「どうやったらパイロットになれる?」「東京オリンピックの警備はこれで万全」「中国はザクつくる?」「赤いザク?」などと大喜利状態になりました（「ザク」はガンダムの敵。中でも「赤いザク」は強敵という劇中の設定）。

同年六月には、日本の理化学研究所と富士通が開発したスーパーコンピューター「富岳」が、計算速度などを競う世界ランキングで「四冠」を獲得。アメリカ勢や中国勢に圧倒的な大差を付けてのトップでした。同年十一月のランキングでも「富岳」は首位を維持し、見事に二連覇を達成。その計算速度は二位のアメリカのものより約三倍も速いとのことです。

そうかと思うと、驚くほど旧態的な部分が日本に残っていることも、今回のコロナ禍で判明。感染者に関する情報共有システムが想定通りに利用されず、ファクスが使用される事態となりました。また、特別給付金のオンライン申請がうまく機能せず、手書きのほうが給付が早かったというジョークのような状況が発生したのも周知の通りです。

このような報道は、「日本は最先端のデジタル国家」と思っている外国人を大いに仰天させました。

●宇宙戦争

二〇XX年、地球に異星からの侵略軍がやってきた。世界各国は協力して侵略軍と戦うことになった。

アメリカの大統領は指揮官となり、各国軍を巧みに統率した。

EUとイギリスは、戦略の策定と戦況の分析に奔走した。

日本はガンダム、トランスフォーマーなどの戦闘ロボットを投入。最後は「カミカゼ・アタック」を繰り出して貢献した。

ロシアはスパイを送り込み、敵の幹部数名を毒殺することに成功した。

中国は十億人近くもの兵力を動員した。

北朝鮮はテポドンを発射した。テポドンは見事に着弾した。

東京に。

宇宙への挑戦

ＩＳＳ（国際宇宙ステーション）に水や食糧を届ける補給機の分野では、日本の「こうのとり」が「成功率百％」のまま、二〇二〇年八月に退役。九回連続の成功というのは、世界で唯一の偉業でした。現在は、より開発費を抑えた上で軽量化を図った後継機「ＨＴＶ‐Ｘ」の研究が進められています。

十一月十六日には、アメリカの民間宇宙企業「スペースＸ」が開発した新型宇宙船「クルードラゴン」がＩＳＳに向けて打ち上げられましたが、四人の宇宙飛行士のうちの一人は、日本人の野口聡一さん。野口さんはコロナ禍に苦しむ世界の現状を踏まえ、宇宙船に「レジリエンス（回復力）」と名前をつけました。

十二月六日には、小惑星探査機「はやぶさ2」が小惑星「リュウグウ」から地下物質を採取したカプセルが、約六年ぶりに地球に帰還。「ニューヨーク・タイムズ」（電子版）は「宇宙探査における日本の地位は、アメリカ、ヨーロッパ、ロシアに並ぶ中心的なプレイヤーに高まるだろう」と報じました。

また、ＪＡＸＡ（宇宙航空研究開発機構）とトヨタ自動車は、燃料電池車（ＦＣＶ）技術を用いた「有人月面探査車」の共同研究を推進中。愛称は「ルナ・クルーザー」で、これにはトヨタの名車「ランドクルーザー」が持つ「必ず生きて帰ってくる」という精神が込められているとのこと。大きさはマイクロバス二台分くらいで、二人乗り（緊急時には四人）の設計となっています。

随筆家の山本夏彦はかつて「何用あって月世界へ？　月はながめるものである」との名文句を残しましたが、月面車の車窓からの光景も眺めてみたいものです。

その他、日本の高い科学技術力を示す一つの指標となっているのがノーベル賞。欧米の科学者が受賞する割合が多い同賞において、日本はこれまでに二十七名もの受賞者を輩出しています。これは非欧米諸国の中では最多の数字です。

ただし、日本人研究者による国際的な科学論文の数が横ばいになっていることなどから、今後の見通しについては悲観的な予測が増えています。

●クイズ

ノーベル賞を受賞した日本人の学者が、中国の田舎町を訪問して村人に言った。

「お互いにクイズを出し合ってみよう。もし君が私の問題に答えられなかったら私に五ドル払う。しかし、私が君の問題に答えられなかったら五千ドル払おう。どうだい?」

村人は頷いた。最初に学者が質問した。

「世界にはいくつの大陸がある?」

村人は答えられなかった。村人は学者に五ドル払った。

次に村人が質問した。

「普段は二本足だが、夏になると六本足になる生き物とは?」

学者は答えられなかった。学者は村人に五千ドル払った。学者が聞いた。

「で、その問題の答えは何だね?」

村人は学者に五ドル払った。

●ノーベル

問い・日本人はなぜ多くのノーベル賞を受賞しているのか?

答え・日本の伝統的な家屋を想像してごらん。そう、彼らの家の玄関にはベルがないのである。

第7章

世界に羽ばたく日本人アスリート

【ラグビーW杯】

●切なる願い

日本人という民族は、まったくどうかしている。
ベースボールでアメリカに勝ち、
スキーでフィンランドに勝ち、
ラグビーでスコットランドに勝つ。
以下は、イギリス人の切なる願いである。
「どうか日本人がクリケットの存在に気づきませんように」

ラグビー日本代表の躍進

二〇一九年九月から日本で開催されたラグビーW杯。「ワンチーム」をスローガンに掲げた日本代表「ブレイブ・ブロッサムズ」は、アイルランドやスコットランドといった強豪国に次々と勝利し、見事ベスト8に輝きました。この大会を通じて、日本中でラグビー熱が一挙に高まりました。

世界のメディアも、日本の快進撃を大きく報道。それまで「ラグビー後進国」と見られることの多かった日本ですが、そのイメージを根底から覆す結果となりました。

また、サッカー日本代表のサポーターの間に定着していた「試合後のゴミ拾い」という良き伝統は、ラグビー会場でも実践されました。これにはラグビー発祥国であるイギリスのメディアがすかさず反応。イギリスのラグビーファンからは「誰もが日本人から学ぶことがある」「彼らのこの行動、大好きだ」といったコメントが寄せられました。

ちなみに、先のジョークのオチに使われているクリケットですが、かつて広島カープなどで活躍した元プロ野球選手の木村昇吾さんが、世界最高峰のインディアン・プレミアリーグ（ＩＰＬ）を目指して、現在挑戦中。日本人はクリケットの存在に気づき始めています。

【東京オリンピック】

●楽観

二〇二〇年の東京オリンピックは、新型コロナウイルスの影響で残念ながら延期となった。とあるフランス人が言った。

「大丈夫。私は楽観主義者です。想像してみましょう。一年後、もしくは二年後、東京オリンピックはきっと開催できますよ。人類はその時、みんなでウイルスに勝ったことを笑って喜び合うんです。人種や宗教に関係なく、盛大にお祝いするのです。

その時、どれだけの人が生き残っているのか知りませんが」

無念の開催延期

二〇二〇年の夏に開催される予定だった東京五輪・パラリンピックは、新型コロナウイルスの世界的な感染拡大を受けて、やむなく延期となりました。二〇二一年の七月二十三日が新たな開会予定日となっていますが、いまだ多事多難といったところです。

二〇二〇年五月には、日本外国特派員協会の会報誌の表紙に、東京オリンピックの大会公式エンブレム「組市松紋」を新型コロナウイルスに見立てた風刺画が掲載されるという事態が発覚。その後、大会組織委員会が「多大な被害が出ている中で、多くの人々、特に大会を目指すアスリートへの配慮を欠く」「著作権侵害にも当たる」と取り消しを要求した結果、この風刺画は取り下げられました。ただし、協会側は取り下げの理由を「報道や表現の自由についてではなく、日本の著作権法上の問題」と説明。アメリカやフランスの著作権法には「パロディを認める規定」が存在しますが、日本にはありません。

この風刺画については、世界中から賛否が噴出。「不愉快」「非常識」という意見もあれば、「風刺が効いている」「何ら問題なし」といった主張も寄せられました。

そのジョークが不謹慎かどうかを客観的に判断するという作業は、容易なことではありません。だからこそ、ジョークを言う側がしっかりと「場」をわきまえることが重要です。「ジョーク大国」であるアメリカにおいても、人種や身体の特徴、病気や障害などに関するネタには細心の注意が払われます。

日本の寄席では、楽屋に「今日は客席に足の不自由な方がいらっしゃいます」といった注意書きが貼り出されることがあります。それを見た出演者は、その場に最適なネタを選んでいくのです。「なんでもかんでも自由」というわけではありません。人生に「笑い」というスパイスが必要なのは、これまでに述べてきた通り。しかし、アフリカにはこんな警句があります。「新人の料理人はスパイスを使いすぎる」。何事も大事なのは「さじ加減」。とにかくスパイスを入れれば美味しくなるというわけでもないのです。

ともあれ、東京オリンピックはどうなるのでしょうか。二〇一四年に行われたソチパラリンピックの閉会式では、テトリスのブロック風にデザインされた「IMPOSSIBLE（不可能）」の電光が「I'M POSSIBLE（私はできる）」に変化するという粋な演出がありました。今こそ噛み締めたい言葉のように感じます。

●オリンピックスタジアム

東京オリンピックの開催に伴い、メインスタジアムとして木材をふんだんに使った新たな競技場が建設されることになった。そこで日本の大工はもちろん、ドイツやイギリス、イタリアなどからも一流の木工職人が集まり、最高のスタジアムの完成に向け、一致団結して取り組むことになった。

しかし、これがどうにもうまくいかない。柱の高さが揃わなかったり、屋根の寸法が合わなかったりと、基本的なミスが相次いだのである。職人たちは一様に首をひねった。その後、数週間にも及ぶ調査が行われ、ようやくその原因が判明した。中国製のメジャーがズレていたのである。

●仮想・東京オリンピック

こんな東京オリンピックは嫌だ。

1　競技の大半がEスポーツ。
2　どのスタジアムに入るのにも長い行列ができている。
3　競技中の選手のマスク着用が義務化。
4　大会中にゴジラ出現。
5　いつの間にか日韓共催になっていた。

●中止の理由

このたび日本政府からの直々の要請により、東京オリンピックで「砲丸投げ」と「槍投げ」の両競技が行われないことになった。日本政府の発表は以下の通りであった。

「武器の使用は平和の祭典にふさわしくない」

●棒高跳び

トランプ政権がメキシコとの国境に壁を建設したことがもたらした思わぬ結果とは？
東京オリンピックにおける「棒高跳び」の結果。
銅メダル…メキシコ人
銀メダル…メキシコ人
金メダル…メキシコ人

【野球】

●墓

アメリカ人とブラジル人と日本人の死刑囚に執行人が言った。

「最後に望むことはないか？　必ず叶えてやろう」

アメリカ人が言った。

「私の遺体をモハメド・アリの墓の隣に埋葬してください。大ファンだったんです」

ブラジル人が言った。

「私の遺体をアイルトン・セナの墓の隣に埋葬してください。大ファンだったんです」

日本人が言った。

「私の遺体をイチロー・スズキの墓の隣に埋葬してください。大ファンだったんです」

執行人が聞いた。

「しかし、イチローはまだ存命ではないのかね？」

日本人が言った。

「ええ。ですからね、待ちますよ」

日本人の野球好き

訪日外国人が日本のテレビを観て驚くのが「野球中継が異様に多い」こと。特にヨーロッパからの訪日客は「日本人の野球熱」を意外に感じる人が少なくないようです。

アメリカのメジャーリーグで日本人選手が活躍する姿は、もはや珍しい光景ではなくなりました。野茂英雄やイチロー、ダルビッシュ有など、個性的なプレイヤーが多かったことも、目の肥えた世界中の野球ファンに深い感銘を与えてきました。近年では、投手と野手の「二刀流」を実践している大谷翔平が「マンガの登場人物のようだ」などと大きな話題を呼びました。

また、日本人選手の真面目に練習に励む姿や、活躍しても謙虚な姿勢、精密機械のようなコントロールなどは、「まさに日本人らしい」と評されています。

さらに、WBC（ワールド・ベースボール・クラシック）での二連覇も強い印象を残しました。「日の丸」を野球の硬式ボールに見立てたパロディ画像が、アメリカなどで拡散されたこともありました。

試合中には、選手のプレーに日米の国民性の違いが表れることも。アメリカには「大量得点差の際に盗塁することはスポーツマンシップに反する」といった不文律（アンリトゥン・ルール）が存在します。このようなプレーを行うと、死球などの報復行為に発展する場合もあります。

しかし、日本では事情が異なります。日本球界では伝統的に「どんな状況でも手を抜くことは相手に対して失礼」と考えられてきました。同じ野球でも価値観の違いが見え隠れして興味深いところです。

ただし、近年では「世界大会に合わせる」という観点から、日本球界でもアメリカ流の不文律が少しずつ浸透しています。

●疑問

メジャーリーグのスタジアムでは、七回表が終了した時に「私を野球に連れてって」という歌をみんなで唄う。

この風習は日本でも同様に行われている。ベースボールを愛する気持ちは、アメリカ人も日本人も同じということであろう。

そんな話を聞いたサッカーファンのフランス人が、アメリカ人と日本人に言った。

「野球ファンというのは、まったく理解しがたい存在だよ」

アメリカ人と日本人が聞いた。

「どうして？」

フランス人が答えた。

「なぜ君たちは野球場にいるのに『野球に連れてって』と唄うんだい？」

●愛するスポーツ

日本人が愛するスポーツ・ベスト3
三位……大学野球
二位……プロ野球
一位……高校野球

甲子園への熱狂

日本の高校球児による「甲子園大会」は、世界的に見てもかなり特殊な大会。高校生の一スポーツ競技が、ここまでの「国民的行事」に発展しているのは珍しい事例です。

高校野球の前身である中等野球の夏の全国大会は、大正四（一九一五）年から始まりました。記念すべき第一回大会の舞台は、実は甲子園ではなく、大阪の豊中グラウンド（豊中球場）。舞台が甲子園（当時の正式名称は阪神電車甲子園大運動場）に移ったのは、大正十三（一九二四）年のことです。以降、甲子園大会の人気は年々上昇。日本人の「甲子園好き」は戦前からのことでした。

戦後はさらにその人気が拡大し、多くのスター選手が誕生。甲子園大会は「日本の夏の風物詩」になりました。

日本のプロ野球界に「助っ人」としてやってきた外国人選手の中にも、甲子園大会の存在を知って驚き、中継を観ることに夢中になるプレイヤーが少なくありません。彼らが驚くのは「高校球児の技術の高さ」「満員になるスタンドと熱烈な応援」「先発投手が連投して何百球も投げる」「負けたチームの選手が号泣しながら砂を持ち帰る姿」、そして「丸刈りの頭」。

ドイツの公共国際放送局であるドイチェ・ヴェレは、そんな甲子園大会の様子を「日本人の野球への熱狂的な愛」というタイトルで番組化。「日本における高校野球は一大行事。先日開催された甲子園大会の期間中、プロチームが使う球場はティーンエイジャーを見る観客で溢れ返った」「選手はチームのために全力を尽くすことを求められる」「それは丸刈りにし、自らが犠牲になるバントを喜び、一塁ベースにヘッドスライディングすることを意味する。チームのために全身全霊を尽くすのだ」といった表現で、「甲子園」という不思議な大会について細かく紹介しました。

【サッカー】

●性格の良い男

性格の良い男が理想的な夫になるかと言えば、それは残念ながら難しいところである。それはワールドカップにおいて、日本代表が優勝できないのと同じことである。

気高き日本代表

二〇一八年にロシアで開催されたFIFAワールドカップの際、試合に負けた日本代表がロッカールームをきれいに整頓して帰ったことは、世界的な話題となりました。イギリスのサッカー専門誌「FourFourTwo」は、「永遠に称えられるべき、記憶に残る振る舞い」と称賛しました。

着実な成長を遂げてきた日本サッカー界ですが、「サムライ・ブルー」はファールの少ないフェアプレーでも国際的に高く評価されています。二〇一九年に行われたAFCアジアカップ、ならびにU－20ワールドカップの両大会においても、日本代表はフェアプレー賞を受賞しています。

日本サッカーの特徴は正確性と俊敏性を活かしたパスサッカーですが、「精密なパス回し」や「集団で組織的にプレーする」スタイルが「日本人らしい」と言われることも。しかし、その一方で「独創性が足りない」「もっとエゴを出しても良いのでは？」と指摘されることもあります。

近年では、スペインのラ・リーガでプレーする久保建英《たけふさ》、イングランドのプレミアリーグで活躍する南野拓実などが注目選手。南野は世界的なブラジル人プレイヤーであるフィルミーノの名前をもじって「ミナミーノ」の愛称でも親しまれています。

●独創性

ワールドカップの大事な試合で、日本代表は苦戦していた。前半をリードされて終えたが、ハーフタイムの際、監督はロッカールームで選手たちに大声でこう言った。

「サッカーというのは独創性が重要なスポーツだ。もっと自由にプレーしていいんだぞ。いいな、わかったな！　今、俺の言ったことを絶対に守れよ」

【武道】

●厳しい道場

町一番のわんぱく坊主のジョンは、父親によってむりやり柔道の道場に入れられてしまった。その道場は厳しい練習で有名だった。

入門初日、ジョンは日本人の先生に何度も投げ飛ばされた。ジョンの身体はたちまちアザだらけになった。練習後、先生がジョンに聞いた。

「何か質問はあるかね？」

ジョンが答えた。

「あの、オンラインのコースはあるでしょうか」

武道への関心

日本発祥の柔道は、今や世界的な人気競技。日本の柔道人口は約十六万人ですが、フランスでは五十六万人にも達しています。

同じく空手も国際化。東京五輪・パラリンピックでは晴れて正式種目に選ばれました。二〇二〇年十一月には、空手の有段者（二段）である菅総理に名誉九段が贈られましたが、これにはロシアのプーチン大統領が国際柔道連盟（ＩＪＦ）の名誉会長であることから「二人の異種格闘技戦を見たい」と海外のＳＮＳも盛り上がりました。

その他、相撲も今や世界的に広く知られた存在。力士のことは「スモウ・レスラー」と呼ばれますが、これは相撲が「スモウ・レスリング」と訳されることが多いためです。

日本の伝統的な美しさに彩られた大相撲の世界は、多くの外国人にとって神秘的な光景に映ります。「大銀杏《おおいちょう》」や「まわし」はもちろん、行司の服装や軍配、拍子木の音、土俵入りなど、様々な点に魅力を感じる人が多いようです。「猫だまし」という表現を知って、面白がる人も少なくありません。

相撲は日本古来の神事。その発祥は古代以前にまで遡ります。『古事記』には相撲を思わせる描写が見られます。

近年では、相撲観戦を目的に来日する観光客も増加。また、ボクシングや柔道と違い、体重別になっていないことに興味を惹かれる人も多いようです。ネット上には「小さな力士が大きな力士を倒すのが面白い」といった感想がよく投稿されています。

●涙の理由

男の子がリビングで泣いていた。母親がビックリして聞いた。

「どうしたの？　何があったの？」

男の子が答えた。

「お父さんが若い頃に習っていたという空手の動きを見せてくれたんだ。そうしたら、突き出した右手を壁に思いっきりぶつけてしまったんだよ」

母親が聞いた。

「それでケガは？」

「それは大丈夫だったけど」

「それなら泣くことなんかないじゃない。むしろ笑うようなことよ」

男の子が答えた。

「僕、そうしたんだよ」

●五手

とある青年が友人に言った。

「自慢じゃないけれど、僕は昨日、街のチェスチャンピオンをたった五手で倒したよ」

「本当かい？」

「ああ、本当さ」

「凄いじゃないか」

「まあね。やっぱり嬉しいね。中学時代から習っていた空手がようやく役に立って」

●横綱

問い・相撲の横綱は、禁煙のレストランには入店しない。なぜ？

答え・入り口にこう書いてあるから。「ノー・スモーキング（相撲キング）」

第8章

ニュー・ジャポニズムの時代

【和食】

●不健康

世界には不健康な人が多すぎる。

フランス人は「身体に良いから」と言って赤ワインを飲んだ後、フォアグラのソテーを食べる。

日本人は「身体に良いから」と言ってサシミやトーフを食べた後、とんこつラーメンを食べる。

アメリカ人はダイエットコークを飲んだ後、ダブルチーズバーガーを二つ食べる。

世界で広がる日本食ブーム

すっかり「世界の定番料理」に仲間入りした日本食。見た目にも美しい日本食は「インスタ映え」するということもあり、さらに人気に拍車がかかっています。

近年では、日本のラーメンが世界的なブームに。中華料理のラーメンとは別ジャンルの「ジャパニーズ・ラーメン」として、世界中で熱狂的なファンを増やしています。カナダのバンクーバーには、日本のラーメン店が十軒以上も林立。また、とんこつラーメンの専門店「一蘭」は、ニューヨークだけで三店舗を構えています。

イギリスでも日本食は幅広い層から支持されていますが、意外な人気を誇っているのがカツカレー。イギリスでは日本風料理を出すチェーン店「ワガママ（wagamama）」が有名店となっていますが、同店の人気メニューの一つが「カツカレー」なのです。イギリスのカツカレーは、豚肉ではなく鶏肉が使われるのが特徴。インドを植民地とした歴史を持つイギリスには多くのインド料理店が軒を連ね、それらの店ではスパイシーなカレーを味わうことができますが、「ジャパニーズ・カレー」はそれとは別の料理として受け入れられています。ちなみにイギリス人は「日本にワガママがない」ことを知ると驚きます。

カレーと言えば、アジア圏では日本のカレーチェーン「CoCo壱番屋」が好評。通称は日本と同じく「ココイチ」です。使われているお米も「日本米」というこだわりですが、タイでは「オシャレな高級店」として、ビジネスシーンやデートにも使えるスポットになっています。

日本発のハンバーガー「テリヤキバーガー」は、海外にも浸透。タイやシンガポールのマクドナルドでは「サムライバーガー」の名前で販売されています。香港やマカオでは「将軍バーガー」と呼ばれています。

また、健康志向の高まりの中、世界中で食されるようになっているのが豆腐。ベジタリアンの人々には「肉の代用品」としても親しまれています。海外の「トーフ」は、硬さによって「ソフト」「ミディアム」「ハード」「エキストラ・ハード」などに分類されていたりします。

●トーフの挑戦

問い・トーフがバンジージャンプに挑戦。なぜ？

答え・チキン（臆病者）と間違われたくないから。

●食糧危機

二〇XX年、地球は激しい気候変動に見舞われた。その結果、牛、豚、羊といった家畜は、ほぼ絶滅してしまった。人類は未曽有の深刻な食糧危機に陥った。

そんな中、シドニーのレストランで一番の人気メニューになったのは「鯨《くじら》のステーキ」だった。

捕鯨

日本の古くからの食文化である「鯨食」。鯨の回遊路にあたる日本近海では、様々な捕鯨文化が大切に受け継がれてきました。その始まりは、少なくとも縄文時代にまで遡ると言われています。

室町時代後期に綴られた『四条流包丁書』には、「海の美物（ごちそう）」の最高位として「鯨」が紹介されています。ちなみに二位は「鯉」です。

江戸時代には紀州の太地《たいじ》（現・和歌山県東牟婁郡《ひがしむろぐん》太地町）にて、組織的な捕鯨が始まりました。太地で行われた「網取り式捕鯨」の漁法はその後、全国各地に広まり、日本の捕鯨は大きな発展を遂げました。

しかし、江戸時代後期にはアメリカが日本近海で鯨を乱獲。その結果、水揚げ量は著しく減少しました。アメリカの捕鯨は食用のためではなく、ランプや潤滑油に使用する「鯨油」を得るためのものでした。ペリーが来航して開国を迫ったのも、捕鯨船の寄港地が欲しいというのが理由の一つでした。

こうして日本の捕鯨は一時的に衰退しましたが、明治期にノルウェーから捕鯨砲を使った近代的な漁法が伝わったことで、鯨食文化は継承されました。

昭和の敗戦後、日本人の食生活を支えたのも鯨でした。食うや食わずの食糧不足の中、栄養価の高い鯨は庶民の生活を助けたのです。

現在の日本において、鯨肉は日常的に食される食材ではありません。鯨を食べたことがない日本人も多くいるでしょう。ところが、海外では「日本人は日常的に鯨を食べている」と誤解されている面があります。過激な反捕鯨運動の背景には、そういった誤解が存在しています。

かつて日本のプロ野球には「大洋ホエールズ」(現・横浜DeNAベイスターズ)というチームが存在しました。その母体は大洋漁業でしたが、そんなチームがテレビ局(東京放送〔TBS〕)を経て、今ではIT企業の所有になっているというのも、日本社会の移り変わりを象徴しているように映ります。

●最高のスープ

世界各国の一流料理人が協力して「世界最高のスープをつくろう」ということになった。

フランス人はブイヤベース用の最高の魚介類を持ってきた。
ロシア人はボルシチ用の最高のビーツを持ってきた。
日本人はミソスープ用の最高のミソを持ってきた。
インド人はカレー用の最高のスパイスを持ってきた。
タイ人はトムヤムクン用の最高のナンプラーを持ってきた。
結論・料理人が多すぎるとスープがダメになる。

●見分け

私はニューヨークで人気の日本食レストランに入った。しかし、私のテーブルの担当となった日本人の店員は、

「白人の顔は似ていて見分けがつかない」

などと言って、すぐに料理を間違ったテーブルへと運んでしまう。そんなミスが何度か続いたため、私は店員を呼んで大声で怒鳴った。

「おい、そんな馬鹿なことがあるか！　いいか、人の顔をよく見たまえ！」

その店員は困惑した表情を浮かべていた。

私の担当の店員ではなかったのである。

【クールジャパン】

●マンガ

とある中国人の回想。

「人民日報」に「日本のマンガばかり読むのはやめよう」と書いてあった。それで、私はやめた。

「人民日報」を読むのを。

ソフトコンテンツ大国

かつては「エコノミック・アニマル」と揶揄され、ジョーク界では「拝金主義者」のキャラを担当していた日本人。しかし近年、日本人と言えば優れたマンガやアニメ、映画などを生み出す人々というイメージが強くなっています。

現在、世界中を席巻しているのが『鬼滅の刃』。英語では「DEMON SLAYER」と訳されています。これは直訳すると「悪魔（鬼）を退治する者」。少しニュアンスが違うようにも感じます。

物語の舞台は大正時代の日本。「侍」「忍者」「日本刀」「着物」といった「日本らしさ」が人気を集めている理由の一つになっています。また、アニメ版では葛飾北斎の「富嶽三十六景」を思わせる美しい描写が話題に。浮世絵師の葛飾北斎は、日本人が意識する以上に世界的に知られており、一九九八年にアメリカ誌「ＬＩＦＥ」が発表した「この千年で最も偉大な業績を残した１００人」の中にも、日本人で唯一選ばれています。

その他、ゲームや音楽、文学などの分野でも、「メイド・イン・ジャパン」は広く普及。二〇二〇年、シリーズ２の放送で話題を集めた「半沢直樹」は、中国でも大ヒットを記録しました。原作本がベストセラーになった他、テレビドラマ版も極めて高い評価を得ています。

作中に出てくる「やられたらやり返す。倍返しだ」というセリフは、中国でも流行語になりました。

二〇二一年の春には、ユニバーサル・スタジオ・ジャパン（ＵＳＪ）に「スーパー・ニンテンドー・ワールド」が開業する予定。世界各地のゲームファンから「コロナ収束後の最大の楽しみ」「ディズニーは震えているだろう」といった声があがっています。

十九世紀後半、日本の浮世絵や工芸品が世界各地で流行し、そのムーブメントは「ジャポニズム」と呼ばれましたが、二十一世紀は「ニュー・ジャポニズム」の時代と言っていいでしょう。

●クリスマス

クリスマス間近のある日、とある兄弟がおばあちゃんの家に泊まることになった。寝る前になると、弟が手を合わせて、大きな声で言った。

「新しいニンテンドーがほしい！　新しいニンテンドーがほしい！」

それを聞いた兄が言った。

「そんなに大きな声を出さなくても、サンタクロースはちゃんと聞いているよ。サンタの耳はそんなに遠くないさ」

　すると弟が答えた。

「わかっているよ。でも、おばあちゃんの耳は遠いから」

あとがき――世にお笑いのタネは尽きまじ

ジョーク集の他、戦争体験者の方々への取材をもとにした「戦記ノンフィクション」を多く書いている私は、

「いろいろとテーマが幅広いですね」

などと褒められているのか小馬鹿にされているのか、よくわからないことをしばしば言われます。

しかし、私の中ではあまり矛盾などは感じておりません。むしろ、どのような原稿においても、「書く行為」自体は何も変わらないという感覚のほうが強いように思います。読者の中には「ジョーク集を書いている早坂某と戦記ノンフィクションを書いている早坂某は別人」と思われている方もいると聞き及んでおりますが、憚《はばか》りながら同一人物であります。

＊

二〇二一年も世界はなおコロナとの戦いの中にあります。日々のニュースを見れば、日本も海外もまだまだ落ち着かない様子。しかし、こんな時だからこそ、健全なる遊び心を持って、新たな楽しみを発見しようというくらいの気構えが大事なのかもしれません。つまらぬ世の中だと嘆くなかれ。世にお笑いのタネは尽きまじ。

そんな時代の曲がり角において、日本という国はどのような役柄を演じるべきなのでしょうか。考えてみれば、Ｇ７の中でキリスト教的文化圏の外側にある国は日本のみ。日本の立ち位置というのはそれだけユニークで、様々な「芝居」ができる可能性を秘めていると思います。

万華鏡のごとき国際社会において、「真面目なビジネスマン」から「不思議な変人」へと「キャラ変」しつつある日本人。今後はさらにどのような変身を遂げていくのでしょうか。ドイツの哲学者であるフリードリヒ・ニーチェは、こんな言葉を残しています。

「脱皮しないヘビは破滅する」

先人たちが大切に受け継いできた良き伝統はしっかりと残しつつも、変わるべきところは変わっていかなければいけません。「コロナ禍転じて福となす」としたいものです。

本書の第1～3章の一部は『ニューズウィーク日本版』で連載中のコラム「たかがジョークされどジョーク」から引用し、大幅に加筆したものです。第4～8章は書き下ろしです。

ラクレとは…la clef=フランス語で「鍵」の意味です。
情報が氾濫するいま、時代を読み解き指針を示す
「知識の鍵」を提供します。

中公新書ラクレ
720

世界《せかい》の日本人《にほんじん》ジョーク集《しゅう》 令和編《れいわへん》

2021年3月10日発行

著者……早坂《はやさか》 隆《たかし》

発行者……松田陽三

発行所……中央公論新社
〒100-8152 東京都千代田区大手町1-7-1
電話……販売 03-5299-1730　編集 03-5299-1870
URL http://www.chuko.co.jp/

本文印刷……三晃印刷
カバー印刷……大熊整美堂
製本……小泉製本

©2021 Takashi HAYASAKA
Published by CHUOKORON-SHINSHA, INC.
Printed in Japan　ISBN978-4-12-150720-4　C1236

定価はカバーに表示してあります。落丁本・乱丁本はお手数ですが小社販売部宛にお送りください。送料小社負担にてお取り替えいたします。

本書の無断複製（コピー）は著作権法上での例外を除き禁じられています。

また、代行業者等に依頼してスキャンやデジタル化することは、たとえ個人や家庭内の利用を目的とする場合でも著作権法違反です。

中公新書ラクレ　好評既刊

L202
世界の日本人ジョーク集
早坂　隆 著

世界から憧憬の眼差しが注がれる経済大国？　それとも、物真似上手のエコノミック・アニマル？　地球各地で収集したジョークの数々を紹介しながら、異国から見た真の日本人像を描き出す。『世界の紛争地ジョーク集』（ラクレ124）、『世界反米ジョーク集』（同164）に続く第三弾は、問い合わせの多かった「日本人をネタにしたもの」を満載。笑って知って、また笑う。一冊で二度おいしい本。知的なスパイスの効いた爆笑ネタを、ぜひご賞味あれ！

L400
100万人が笑った！「世界のジョーク集」傑作選
早坂　隆 著

今こそ平成の笑いの力を！　腹の底から笑って、不安な気持ちを吹き飛ばそう。累計100万部突破のジョーク・シリーズ。6冊の中から、珠玉のジョークをセレクト。笑いは社会の潤滑油となり、生きる力となる。「変に難しい理屈の本よりも、明るさがあって素直に心に届くようなものを今は読みたい」という読者の声から生まれた一冊。「『笑い』こそが、人類が絶望の歴史の末に見出した、最大の生きる術なのだ」（「あとがき」より）

L605
新・世界の日本人ジョーク集
早坂　隆 著

シリーズ累計100万部！　あの『世界の日本人ジョーク集』が帰ってきた！　AI、観光立国、安倍マリオ……。日本をめぐる話題は事欠かない。やっぱりマジメ、やっぱり英語が下手で、曖昧で。それでもこんなに魅力的な「個性派」は他にいない！　不思議な国、日本。面白き人々、日本人。異質だけれどスゴい国。世界の人々の目を通して見れば、この国の底力を再発見できるはずだ。激動の国際情勢を笑いにくるんだ一冊です。